DK

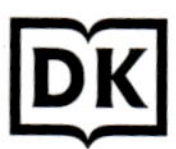

TOP10 LOS ANGELES

CATHERINE GERBER

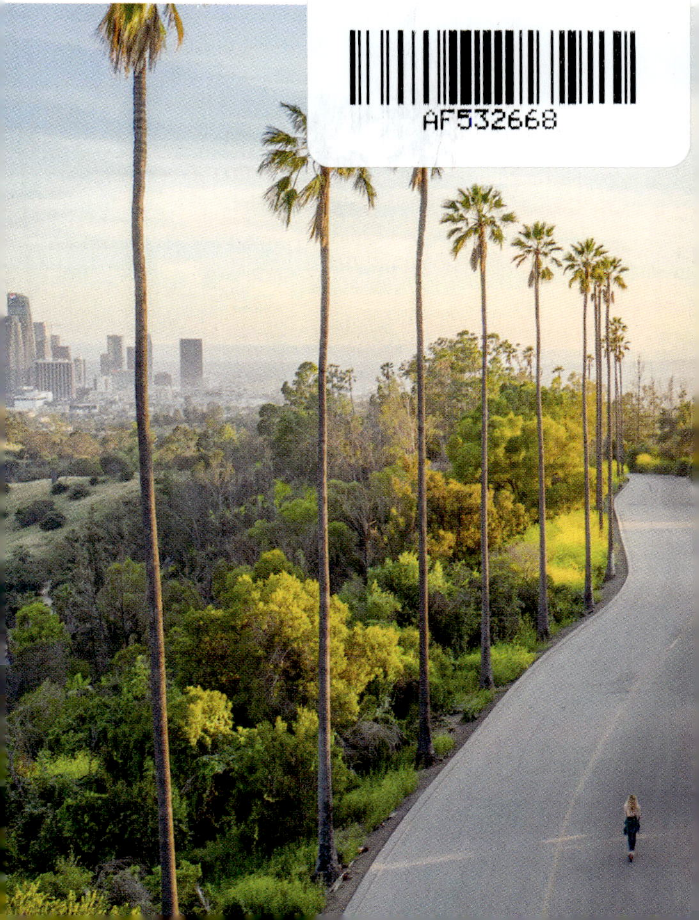

DK | Penguin Random House

Highlights

Themen

Inhalt

›tadtteile

Reise-Infos

e Top-10-Listen in diesem Buch sind nicht nach ngen oder Qualität geordnet. Alle zehn Einträge d in den Augen des Herausgebers von gleicher deutung.

diesem Buch erfolgt die Angabe von Stockwerken ch US-amerikanischer Nomenklatur: So bezeich- t »first floor« das Erdgeschoss.

mschlag Vorderseite, Buchrücken Titelseite Von Palmen gesäumte Straße Downtown Los Angeles
mschlag Rückseite Rettungsschwimmer- m an einem Strand von Los Angeles

Die Informationen in diesem Top-10-Reiseführer werden regelmäßig aktualisiert.

Angaben wie Telefonnummern, Öffnungszeiten, Adressen, Preise und Fahrpläne können sich jedoch ändern. Der Verlag kann für fehlerhafte oder veraltete Angaben nicht haftbar gemacht werden. Für Hinweise, Verbesserungsvorschläge und Korrekturen ist der Verlag dankbar. Bitte richten Sie Ihr Schreiben an:

Dorling Kindersley Verlag GmbH
Redaktion Reiseführer
Arnulfstraße 124 • 80636 München
travel@dk-germany.de

VIA RODEO
N. RODEO

Willkommen in Los Angeles

Stars und Sternchen in den Straßen von Hollywood, Museen von Weltrang, Shopping am Rodeo Drive, Roadtrips über den Pacific Coast Highway, Surfer reiten die perfekte Welle – das alles ist Los Angeles. Mit dem *Top 10 Los Angeles* können Sie diese pulsierende multikulturelle Metropole auf eigene Faust entdecken und in vollen Zügen genießen.

Los Angeles, lange Zeit als »Stadt der Träume« mystifiziert, ist die Metropole der Filmstars – verkörpert durch das weltbekannte Hollywood Sign und die vielen prominenten Einwohner. Überall in der Stadt wurden berühmte Filme gedreht, und viele legendäre Kulissen haben sich kaum verändert. Hinter der fantastischen Fassade verbirgt sich eine lebendige und multikulturelle Stadt. Wenn Sie durch eine beliebige Straße schlendern, können Sie ein Dutzend Sprachen hören und Speisen aus aller Welt probieren. In Koreatown finden Sie einige der besten BBQ-Lokale der Stadt, und in **Downtown** können Sie die köstliche Küche Mexikos testen.

Kultur wird großgeschrieben. Museen wie das **Getty Center**, das **Los Angeles County Museum of Art (LACMA)** und **The Huntington** präsentieren einige der besten Kunstwerke der Welt. Auch die Architektur kommt nicht zu kurz: In den Straßen des Stadtzentrums erheben sich beeindruckende zeitgenössische Gebäude, in **Pasadena** kann man hübsche Häuser im Craftsman-Stil entdecken. In Gegenden wie **Venice Beach** trifft man auf freigeistige, alternative Kreativität.

Ob Sie eine Woche oder nur ein Wochenende planen – mit dem *Top 10 Los Angeles* präsentiert Ihnen die Stadt ihre beste Seite, von weltberühmten Stadtteilen wie **Hollywood** bis hin zum staunenswerten **Disneyland® Resort**. Dieser Reiseführer bietet stimmungsvolle Fotos und detaillierte Karten, allerlei Tipps, um Geld zu sparen und Besuchermassen zu umgehen, sowie übersichtliche Routenvorschläge, die Sie in kurzer Zeit zu vielen Sehenswürdigkeiten führen. **Genießen Sie das Buch. Genießen Sie Los Angeles.**

Im Uhrzeigersinn von oben: **Skyline von Los Angeles, Walt Disney Concert Hall, North Vista, einer der Gärten von The Huntington, Straßenschild am Rodeo Drive, bunte Häuschen an einem Strand von Los Angeles, West Coaster am Santa Monica Pier, Straßenkünstler auf dem Walk of Fame**

Los Angeles entdecken

Ob man am Santa Monica Pier auf den Pazifik blickt oder die von Stars gesäumten Straßen Hollywoods betrachtet – es wird nie langweilig in dieser riesigen Stadt. Hier ist man auf Spaß spezialisiert, ob am Strand, in den Museen oder in den weltberühmten Vergnügungsparks. Mit den folgenden Tipps bekommen Sie möglichst viel Los Angeles geboten.

Hollywood Sign – berühmter Schriftzug in den Hügeln über der Stadt.

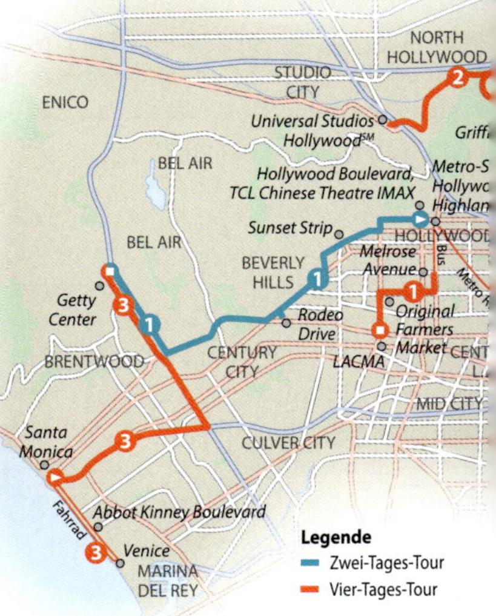

Zwei Tage in Los Angeles

Tag ❶

Vormittags

Starten Sie am **Hollywood Boulevard** *(siehe S. 12f)*, und wandeln Sie vor dem **TCL Chinese Theatre** *(siehe S. 63)* auf den Spuren der Stars. Blicken Sie vom Hollywood & Highland Center auf das berühmte **Hollywood Sign** *(siehe S. 99)*. Danach fahren Sie über den **Sunset Strip** *(siehe S. 14f)* und weiter nach Beverly Hills zum Lunch am **Rodeo Drive** *(siehe S. 68)*.

Nachmittags

Das **Getty Center** *(siehe S. 16–19)* ist in Sachen Kultur das Maß aller Dinge in Los Angeles. Sehen Sie sich Meisterwerke der Impressionisten an, oder genießen Sie im Garten den Blick auf die Küste und die Hügel.

Tag ❷

Vormittags

Stärken Sie sich mit einem Frühstück bei **Marston's** *(siehe S. 97)* in Pasadena, bevor um 10 Uhr (außer Di) **The Huntington** *(siehe S. 28–31)* öffnet. Sehen Sie sich erst ein bis zwei Gärten an, z. B. Wüsten- und Rosengarten, danach die Meisterwerke in der Art Gallery.

Nachmittags

Die Metro bringt Sie nach Downtown. Gegenüber der Union Station liegt **El Pueblo de Los Angeles** *(siehe S. 24f)*, in der Olvera Street finden Sie etwas zum Lunch. DASH-Bus B fährt ab Alameda Street zur **Cathedral of Our Lady of the Angels** *(siehe S. 78)*. Auf der South Grand Avenue geht es dann zur **Walt Disney Concert Hall** *(siehe S. 78)*, zum **MOCA** *(siehe S. 78)* und zu **The Broad** *(siehe S. 80)*.

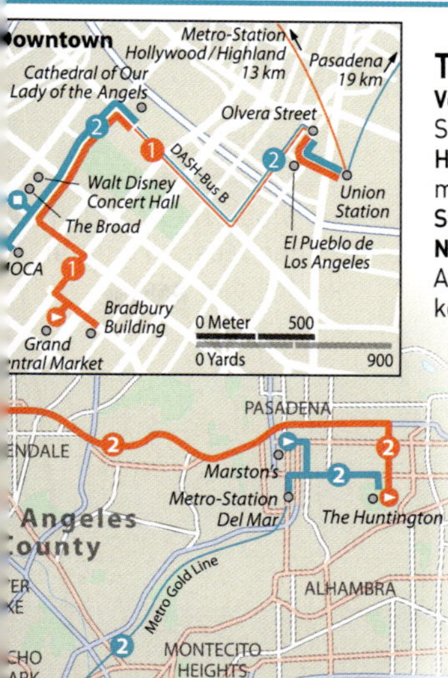

Vier Tage in Los Angeles

Tag 1

Vormittags

Werfen Sie nach dem Frühstück im **Grand Central Market** *(siehe S. 79)* in Downtown einen Blick ins **Bradbury Building** *(siehe S. 49)* auf der anderen Seite des Broadway. Ein Stück weiter, in der South Grand Avenue, stehen **The Broad** *(siehe S. 80)* und die **Walt Disney Concert Hall** *(siehe S. 78)*. Mit dem DASH-Bus B geht es zu **El Pueblo de Los Angeles** *(siehe S. 24f)*, den Anfängen von L. A., danach mit der Metro von der Union Station zur Metro-Station Hollywood/Highland.

Nachmittags

Vielleicht sehen Sie einen Star auf dem **Hollywood Boulevard** *(siehe S. 12f)*, bevor Sie ein Bus oder Taxi zum Shoppen in die **Melrose Avenue** *(siehe S. 68)* bringt. Lunch gibt es hier oder beim **Original Farmers Market** *(siehe S. 107)*. Danach erwartet Sie im **LACMA** *(siehe S. 20–23)* Kunst und Kultur vom Feinsten.

Tag 2

Vormittags

Starten Sie in den Gärten von **The Huntington** *(siehe S. 28–31)*. Dann machen Sie sich auf in die **Universal Studios Hollywood℠** *(siehe S. 32f)*.

Nachmittags

Alle Attraktionen schaffen Sie nie, konzentrieren Sie sich z. B. auf The Wizarding World of Harry Potter, King Kong und Jurassic Park. Danach geht es zum **Griffith Park** *(siehe S. 34f)*.

Tag 3

Vormittags

Mit einem Mietrad fahren Sie von Santa Monica zum **Venice Boardwalk** *(siehe S. 122)* mit **Jody Maroni's Sausage Kingdom** *(siehe S. 124)* und über **Abbot Kinney Boulevard** und **Main Street** *(siehe S. 69)* wieder zurück.

Nachmittags

Genießen Sie den Nachmittag im **Getty Center** *(siehe S. 16–19)*.

Tag 4

Vormittags

Planen Sie für **Disneyland® Resort** und **California Adventure®** *(siehe S. 36–41)* den ganzen Tag ein. Kaufen Sie sich ein für beide Parks gültiges Park-Hopper-Ticket, dann geht es los im Disneyland®.

Nachmittags

Im California Adventure® ist die World of Color, das abendliche Spektakel mit Wasserfontänen, Licht und Musik, besonders sehenswert.

Universal Studios Hollywood℠ – ein Vergnügungspark mit Spaßgarantie.

Highlights

Eindrucksvoller Saal des TCL Chinese Theatre

TOP 10 Highlights

Mythos, Tempo und Vorreiter bei Innovation und Technik das ist die »Stadt der Engel«. Der einst staubige spanische Außenposten ist heute eine der größten und, was Architektur, Kultur und Spezialitäten betrifft, vielseitigsten Städte der Welt. Der Geburtsort von Mickey Mouse und Hollywood prägte die Fantasie von Millionen.

1 Hollywood Boulevard

Die Straße, an der die Filmindustrie entstand, wird noch immer mit den Stars assoziiert – auch wenn nur mehr deren Hand- und Fußabdrücke zu sehen sind *(siehe S. 12f).*

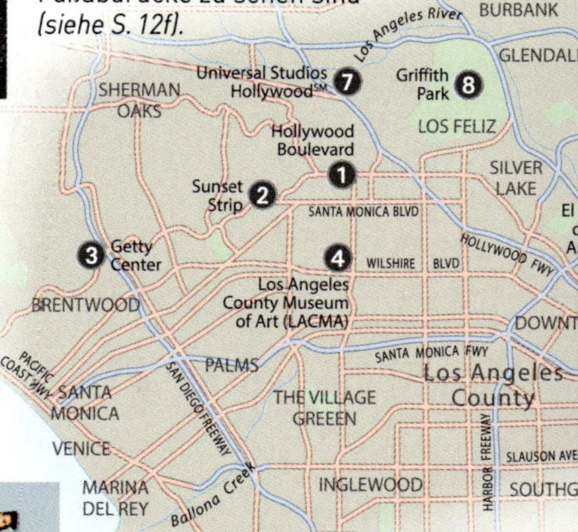

2 Sunset Strip

Die quirlige Unterhaltungsmeile von Los Angeles zieht mit ihren Restaurants, Clubs und Bars Scharen von Besuchern an *(siehe S. 14f).*

3 Getty Center

Der Komplex auf dem Hügel bietet traumhafte Aussicht und bedeutende europäische Kunst – und das alles gratis *(siehe S. 16–19).*

4 Los Angeles County Museum of Art (LACMA)

Als eines der größten Kunstmuseen der USA gibt das LACMA Überblick über die Kunst seit prähistorischer Zeit *(siehe S. 20–23).*

5 El Pueblo de Los Angeles

Das historische Viertel birgt die ältesten Bauten der Stadt. Läden, Restaurants und Feste bewahren die hispanische Tradition *(siehe S. 24f).*

6 The Huntington

Einer der größten Kulturschätze der Stadt lädt zum Bewundern schöner Gemälde, seltener Manuskripte und herrlicher Gärten ein *(siehe S. 28–31)*.

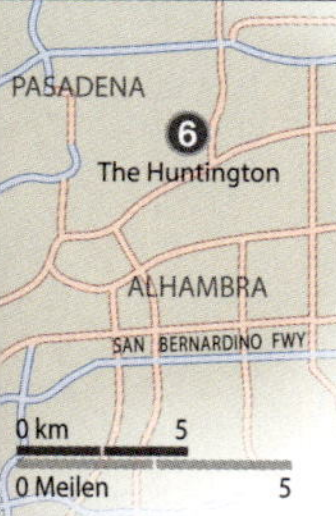

Universal Studios Hollywood[SM] 7

Hightechfahrgeschäfte, Stuntshows und jede Menge Special Effects sorgen hier für viel Vergnügen. Die Studio Tour führt zu den Kulissen, in denen Hollywoodfilme gedreht werden *(siehe S. 32f)*.

8 Griffith Park

Einer der größten Stadtparks der USA beherbergt nicht nur das berühmte Hollywood Sign *(siehe S. 99)*, sondern auch mehrere Museen, einen Zoo und ein Observatorium *(siehe S. 34f)*.

9 Disneyland® Resort

Der erste Disney-Park ist zeitlos wie Mickey Mouse selbst und hat auch nach mehr als 60 Jahren noch immer seinen Zauber *(siehe S. 36–41)*.

10 Catalina Island

Die bezaubernde Insel bietet Erholung pur: kristallklares Wasser, meilenweit unbebautes Hinterland und eine Atmosphäre, bei der man sich fernab vom Trubel der Großstadt wähnt *(siehe S. 42f)*.

TOP 10 Hollywood Boulevard

Der Hollywood Boulevard mit dem Walk of Fame war schon immer Symbol für den Glamour der Filmindustrie, vor allem zu deren Blütezeit in den 1920er und 1930er Jahren. Nach einer Phase des Niedergangs in den 1970er Jahren hat man das Herz von Tinseltown (»Flitterstadt«) umfassend saniert und wiederbelebt – die alten Filmpaläste wurden renoviert und das Hollywood & Highland Center gebaut, das im Dolby Theatre der Oscarverleihung eine prächtige Kulisse bietet.

1 Walk of Fame

Elvis, Lassie und über 2600 weitere Berühmtheiten wurden auf dem Gehweg mit Sternen aus Terrazzo und Messing verewigt *(unten)*. In der Nähe befinden sich auch einige »Spezialsterne«, z.B. für die Astronauten von Apollo 11.

2 The Musso & Frank Grill

Das 1919 eröffnete Restaurant ist das älteste in Hollywood und war in dessen Goldenem Zeitalter bei Stars wie Clark Gable und den Marx Brothers beliebt. Die Einrichtung des Lokals ist größtenteils noch original *(siehe S. 101)*.

3 TCL Chinese Theatre IMAX

Die weltberühmte Filmbühne *(oben)* wurde 1927 mit Cecil B. DeMilles *King of Kings (König der Könige)* eingeweiht. Über 200 Stars hinterließen hier im Beton Abdrücke von Händen und Füßen, Betty Grable verewigte ihre Beine *(siehe S. 63)*.

4 Pantages Theatre

Die Grande Dame der Tinseltown-Theater erstrahlt nach einer Renovierung wieder in alter Art-déco-Pracht. Die Lobby führt in das schöne Auditorium mit der kunstvollen Decke. Hier sind Broadway-Shows zu sehen *(siehe S. 64)*.

5 The Hollywood Roosevelt

In diesem Hotel *(unten)* moderierte Douglas Fairbanks 1929 die allererste Oscarverleihung. Marilyn Monroe drehte an dem später von David Hockney mit blauen Schnörkeln versehenen Pool ihren ersten Werbeclip *(siehe S. 145)*.

8 Hollywood & Highland Center

Der Komplex *(links)* aus Läden, Clubs, Kinos, Restaurants und einem Hotel läutete den Aufschwung Hollywoods ein. Im Dolby Theatre *(siehe S. 65)* mit 3400 Plätzen werden die Oscars verliehen.

Sterne für Stars

Jeder neue Stern auf dem Walk of Fame muss von einem Komitee der Hollywood Chamber of Commerce gebilligt werden. Von rund 200 Anträgen im Jahr werden etwa 20 angenommen. Für Installation und Pflege fallen jeweils 40 000 Dollar an – die Kosten werden meist von Filmstudios, gelegentlich auch von Fanclubs übernommen. Die Einweihungszeremonien, die ein- bis zweimal im Monat stattfinden, sind für die Öffentlichkeit zugänglich. Unter www.walkoffame.com ist zu erfahren, wer als Nächster mit einem Stern geehrt wird.

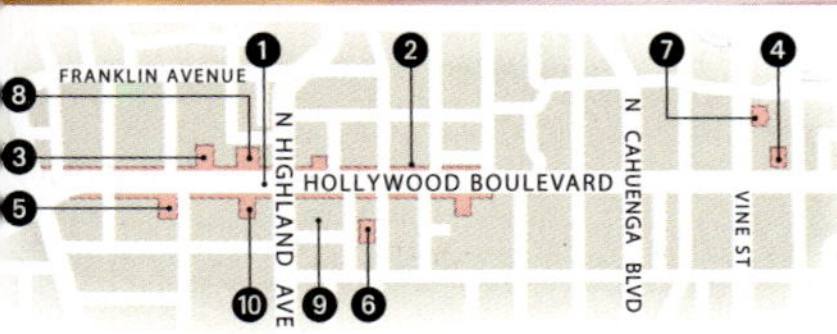

6 Egyptian Theatre

Im Theater des gemeinnützigen Kulturvereins American Cinematheque fanden die ersten »Hollywood-Premieren« statt *(siehe S. 62)*.

7 Capitol Records Tower

Das älteste runde Bürogebäude der Welt, einst Sitz von Capitol Records, gleicht einem Plattenstapel, auf dem eine Nadel »Hollywood« in Morsezeichen blinkt.

9 Hollywood Museum

Im alten Max Factor Building sind Kostüme, Requisiten und andere Erinnerungsstücke aus rund 100 Jahren Filmgeschichte zu sehen.

10 El Capitan Theatre

Das kunstvoll verzierte Haus war Hollywoods erstes Sprechtheater, zeigt seit 1941 Filme und ist heute Schauplatz von Disney-Premieren *(siehe S. 63)*.

Infobox

Karte P2 ■ zwischen La Brea Avenue & Vine Street ■ Metro: Hollywood / Highland

Walk of Fame: Hollywood Blvd zwischen Gower St & La Brea Ave; Vine St zwischen Yucca Ave & Sunset Blvd

Hollywood & Highland Center: 6801 Hollywood Blvd ■ tägl. 7 – 23 Uhr (Restaurant- und Ladenzeiten können variieren)

Capitol Records Tower: 1750 N Vine St

Hollywood Museum: 1660 Highland Ave

■ Johnny Rockets im Hollywood & Highland Center serviert Burger und Milchshakes wie in den 1950er Jahren.

■ Rote Zeichen entlang dem Boulevard markieren von Stars frequentierte Lokale.

TOP 10 Sunset Strip

Der Sunset Strip ist seit den Tagen der Prohibition ein Ort der Sinnesfreuden. Boutiquen, Clubs und Rockbühnen säumen den 2,7 Kilometer langen Abschnitt des Sunset Boulevard zwischen Hollywood und Beverly Hills. In den Glanzzeiten von Hollywood (1930–50) gaben sich die Stars Stelldicheins im Chateau Marmont, im Trocadero und bei Schwab's. Heute prägen historische Wahrzeichen und angesagte Treffs den Sunset Strip.

1 Sunset Plaza

Designerläden und Restaurants im europäischen Stil säumen die zwei Blocks lange Shoppingmeile. Die Gegend ist bei Prominenten und deshalb auch bei Amateur-Paparazzi beliebt.

3 Reklametafeln

Auf riesigen Flächen werden Produkte, neue Filme oder Alben und sogar einzelne Stars beworben. Daher werden sie auch gern »Vanity boards« (»Tafeln der Eitelkeit«) genannt *(rechts)*.

2 Andaz West Hollywood

Das einst als »Riot Hyatt« bekannte Hotel *(oben)* ging als Partyhochburg britischer Bands der 1960er und 1970er Jahre in die Rockgeschichte ein. Led Zeppelin fuhren in den Fluren Motorrad.

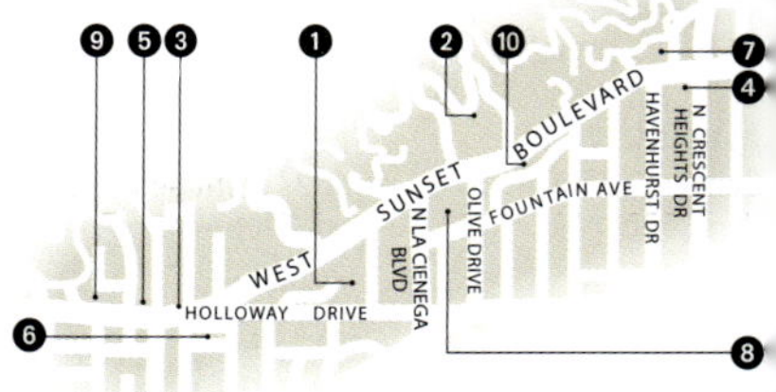

Infobox

Karte L3 ■ Sunset Blvd zwischen Crescent Heights Blvd & Doheny Drive ■ Bus: Sunset / Sunset Plaza

Standort von Schwab's Pharmacy: 8024 Sunset Blvd

Sunset Strip Tattoo: 7524 W Sunset Blvd

Sunset Plaza: 8600 & 8700 Sunset Blvd

Andaz West Hollywood: 8401 Sunset Blvd

■ Das Restaurant Ivory on Sunset im Hotel Mondrian *(siehe S. 146)* bietet eine traumhafte Aussicht und serviert Klassiker der amerikanischen Küche.

■ In die angesagten Clubs kommt man vor 22 Uhr oder an Wochentagen leichter.

■ Meiden Sie vor allem an den Wochenenden den nächtlichen Verkehr auf dem Sunset Strip.

6 Viper Room

Johnny Depp war Mitbesitzer des Lokals *(links)*, vor dem River Phoenix 1993 an einem Drogencocktail starb. Als der Club noch Melody Room hieß, trafen sich hier Bugsy Siegel und seine Leute *(siehe S. 112)*.

Sunset Boulevard

Der Sunset Strip ist nur ein kleiner Abschnitt des rund 40 Kilometer langen Sunset Boulevard. Die Verkehrsader, die einem alten Herdweg folgt, ist ein Mikrokosmos an ethnischer Vielfalt, die den Reiz von Los Angeles ausmacht. Der Sunset Boulevard beginnt bei El Pueblo und führt nach Westen durch verschiedene Viertel bis zum Pazifischen Ozean.

8 Sunset Strip Tattoo

Julia Roberts ließ sich in dem Studio japanische Schriftzeichen, Nicolas Cage einen Stachelrochen tätowieren. Auch Ben Affleck war Kunde.

9 Rainbow Bar & Grill

Rockmusiker zieht es abends in diese Bar, wo sich – als dies noch das Restaurant Villa Nova war – Marilyn Monroe und Joe DiMaggio zu einem Blind Date trafen *(siehe S. 112)*.

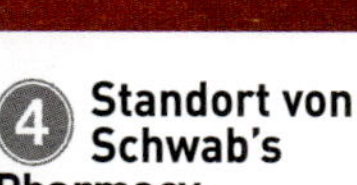

4 Standort von Schwab's Pharmacy

Schwab's Pharmacy, in den 1930er bis 1950er Jahren beliebter Treff von Stars wie Charlie Chaplin und James Dean, wurde 1988 abgerissen.

5 Whisky a Go Go

Der seit 1964 bestehende Club bescherte der Welt den Go-go-Tanz und die Doors, die hier 1966 Hausband waren. Auch Jimi Hendrix und Janis Joplin traten hier oft auf *(siehe S. 112)*.

7 Chateau Marmont

Das Hotel *(unten)* von 1927 zieht seit je Stars wie Humphrey Bogart und Mick Jagger an. Annie Leibovitz, Dorothy Parker und Jane Fonda wohnten hier, während sie an Hollywood-Projekten arbeiteten *(siehe S. 145)*.

10 Sunset Tower Hotel

In dem 1931 eröffneten Art-déco-Hotel, dem ehemaligen Argyle, waren schon viele Stars zu Gast. Die Bar ist heute eine angesagte Adresse *(siehe S. 146)*.

TOP 10 Getty Center

Die erlesene Kunstsammlung, die faszinierende Architektur, die Gärten und die Lage auf einem Hügel machen das Getty Center zu einer der größten kulturellen Attraktionen in Los Angeles. Das von Richard Meier entworfene Gebäude wurde nach 14-jähriger Planungs- und Bauzeit 1997 eröffnet. Es birgt Forschungseinrichtungen des vom Ölmagnaten J. Paul Getty (1892–1976) gegründeten Getty Trust. Das Museum zeigt europäische Kunst, u. a. illuminierte Handschriften und Fotografien.

1 Schmuckschrank

Der Schrank *(rechts)*, wahrscheinlich von André-Charles Boulle (1642–1732) gefertigt, erinnert an die Siege des Sonnenkönigs Louis XIV. Verwendet wurden u. a. Zinn und Schildpatt.

2 *Anbetung der Könige*

In diesem Meisterwerk der Renaissance komponierte Andrea Mantegna (um 1431–1506) die Figuren nach der Art antiker römischer Reliefs. Die drei Könige repräsentieren Europa, Asien und Afrika.

3 *Schwertlilien*

Vincent van Gogh (1853–1890) schuf das Werk *(links)* in der Nervenheilanstalt im letzten Jahr seines Lebens. Intensive Farben und die Komposition lassen Einflüsse Gauguins und des japanischen Farbholzschnitts von Hokusai erkennen.

4 Junge Italienerin

Das emotionale Gemälde *(oben)* zeigt die Vielseitigkeit und das technische Können von Paul Cézanne (1839–1906).

5 Heuschober, Schnee, Morgen

Das Bild ist eines von 30 Werken, die Claude Monet (1840–1926) zwischen 1890 und 1891 malte. Die Heuschober wirken vor blassem Himmel und schwach erkennbaren Häusern imposant.

6 Albert Cahen d'Anvers

Pierre-Auguste Renoir (1841–1919) malte den Komponisten Cahen d'Anvers 1881, als er beschloss, sich als Porträtist zu betätigen.

7 Raub der Europa

Rembrandt (1606–1669) dienten Ovids *Metamorphosen* als Inspiration. Das Gemälde fängt den Augenblick ein, als Zeus, in Gestalt eines weißen Stiers, mit der Königstochter davonschwimmt.

8 Die Jagd des Kaledonischen Ebers

Rubens' (1577–1640) dynamische Darstellung stammt von 1611/12. Das Bild behandelte erstmals den epischen Kampf zwischen Mensch und Tier.

9 Modern Rome – Campo Vaccino

Der stimmungsvolle Blick vom Kapitol auf die Stadt *(oben)* ist das letzte der römischen Gemälde J. M. W. Turners (1775–1851) und präsentiert dessen Auffassung von der »Kraft des Lichts«.

10 Der Einzug Christi in Brüssel 1889

Das Bild des Belgiers James Ensor (1860–1949) wurde kontrovers diskutiert. Die groteske Szene reflektiert das Unbehagen des Malers über die Salonkunst.

Getty Villa

Die in Pacific Palisades gelegene Villa ist im Stil eines römischen Landhauses gestaltet und beherbergt ein Museum mit mehr als 44 000 griechischen, römischen und etruskischen Exponaten (6500 v. Chr. – 400 n. Chr.). Die Ausstellung umfasst 1200 Objekte, darunter Skulpturen, Vasen und Münzen, aber auch kostbare Funde, etwa Kykladen-Statuetten sowie Silber- und Glasgefäße. Fünf der 28 Galerien des Museums dienen Wechselausstellungen.

Infobox

Karte C2 ■ +1-310-440-7300 ■ www.getty.edu ■ Parken 20 $

Getty Center: 1200 Getty Center Dr, Brentwood ■ Bus: Sepulveda / Getty Center ■ Di – So 10 –17.30 Uhr ■ frei

Getty Villa: 17985 Pacific Coast Highway, Pacific Palisades ■ Bus: Pacific Coast Highway / Coastline ■ Mi – Mo 10 –17 Uhr ■ frei (mit reserviertem, an Uhrzeit gebundenem Ticket)

■ In Hof und Garten kann man picknicken, am Kiosk und im Selbstbedienungscafé gibt es Snacks. Im Restaurant des Getty Center ist Reservierung erforderlich.

■ Das Getty Center bietet Audioführer für Kinder und den Family Room *(siehe S. 59)* mit Spielen und interaktiven Exponaten.

■ Architektur- und Gartenführungen sind kostenlos.

Highlights des Getty Center

Wasserlauf im Garten

1 Garten

Der schöne, sich stets wandelnde Garten wurde von dem Installationskünstler Robert Irwin (geb. 1928) gestaltet. Die von Bäumen gesäumten Wege führen über einen Bach zu einem Wasserbecken mit schwimmenden Azaleen.

2 Elektrotram

Die fünfminütige Fahrt in der computergesteuerten Tram vom Eingangstor zur Arrival Plaza auf dem Hügel bildet den Einstieg zu einem Besuch des Getty Center.

3 Panoramablick

Bei klarem Himmel ist die Aussicht vom Gipfel des Hügels grandios, vor allem bei Sonnenuntergang. Man blickt auf das Straßenlabyrinth von Los Angeles, die Wolkenkratzer von Downtown, die Santa Monica Mountains und den Pazifischen Ozean.

4 Illuminierte Handschriften

Zur rotierend präsentierten Sammlung kunstvoller Handschriften aus Mittelalter und Renaissance gehört auch die bedeutende *Stammheimer Missale*, ein deutsches Messbuch aus dem 12. Jahrhundert.

Stammheimer Missale

5 Zeichnungen

Die Sammlung von Zeichnungen aus dem 14. bis 19. Jahrhundert birgt Glanzstücke wie Albrecht Dürers detailgetreuen *Hirschkäfer* (1505) und Leonardo da Vincis Studien für das *Jesuskind mit Lamm* (um 1503–06).

6 Läden & Restaurants

The Getty bietet einen Museumsshop und Läden, die sich u. a. Fotografie und Impressionismus sowie den laufenden Ausstellungen widmen. Besucher können sich im Restaurant, im Café, an Kiosken oder bei Picknicks im Park stärken.

7 Kunsthandwerk

Die Säle für die Sammlung französischer Möbel und Kunsthandwerk (17./18. Jh.) sind im Stil der damaligen Zeit gehalten. Der vertäfelte Régence-Salon von 1710 ist besonders beeindruckend.

8 Fotografie

Der Fokus der für seltene Fotografien aus den frühen 1840er Jahren bekannten Sammlung liegt auf Künstlern aus Europa und den USA. Zu den berühmtesten Werken gehört *Tears* von Man Ray.

9 Europäische Malerei

Italienische Renaissance, italienischer Barock und französischer Impressionismus sind besonders stark vertreten.

10 Skulpturengarten

Die Werke, eine Schenkung des Produzenten Ray Stark, stammen von bedeutenden Bildhauern des 20. Jahrhunderts, darunter Henry Moore, Alberto Giacometti und Joan Miró.

Architektur

Die Lage des Getty Center auf einem Hügel am Rand der Santa Monica Mountains, fernab von Lärm und Trubel der Stadt, ist fantastisch. Das eindrucksvolle Bauwerk wurde von dem angesehenen modernistischen New Yorker Architekten Richard Meier (geb. 1934) entworfen, der auch das Paley Center for Media in Beverly Hills *(siehe S. 116)* gestaltete. Beim Getty Center arrangierte Meier die Hauptgebäude entlang zweier natürlicher Hügelkämme und verband sie durch kreative Landschaftsgestaltung. Geschwungene Linien wie in der Eingangshalle, kombiniert mit kantigen Konturen, schaffen ein fließendes, offenes Ambiente. Der Einsatz von Travertin, einem honigfarbenen Kalkstein aus Italien, der die meisten Gebäude bedeckt, verstärkt die Wirkung. An vielen Stellen sind versteinerte Blätter und Federn zu sehen.

Zahlen & Fakten

1 Campusgröße: 10 Hektar

2 Höhenlage: 275 Meter

3 Gesamtkosten: 1 Milliarde US-Dollar

4 Bewegte Erde: 1,14 Millionen Kubikmeter

5 Verbauter Travertin: 16 000 Tonnen

6 Gewicht eines einzelnen Travertinblocks: 113 Kilogramm

7 Anzahl emaillierter Aluminiumplatten: 40 000

8 Außenglasfläche: 15 296 Quadratmeter

9 Anzahl der Türen: 3200

10 Länge der Tramlinie: 1,2 Kilometer

Säulen und ein großer Maßstab machen das Getty Center zu einer modernen, durch und durch amerikanischen Akropolis.

Getty Center – beispielhaft für Meiers geschwungene Architektur

TOP 10 Los Angeles County Museum of Art (LACMA)

Das 1910 gegründete, größte Kunstmuseum im Westen der USA zog 1965 an seinen heutigen Standort. Die Sammlung umfasst Kunst aus Europa und Amerika sowie Werke aus dem Nahen Osten und Asien. Zudem gibt es viele Sonderausstellungen, Konzerte, Lesungen und Filmvorführungen. 2010 wurde der von Renzo Piano errichtete Resnick Pavilion eröffnet. Dort finden Wechselausstellungen statt.

1 Kunst aus Japan

Der Pavilion for Japanese Art, das einzige der japanischen Kunst gewidmete Gebäude in den USA, wird renoviert und 2024 wiedereröffnet.

2 Islamische & antike Kunst

Die über 4000 Jahre umspannende Sammlung antiker Kunst des Nahen Ostens beinhaltet Keramiken *(links)*, Pferdegeschirre und Steinreliefs. Die islamische Abteilung ist für ihr breites Spektrum an Kunstformen bekannt.

3 Kunst aus Amerika

Die Abteilung bietet einen Überblick über die amerikanische Kunst von 1700 bis 1950. Zu den Highlights gehören figurative Werke von Winslow Homer. Außerdem sind Bilder von George Bellows und Mary Cassatt zu sehen, darunter *Mother About to Wash her Sleepy Child*.

4 Kunst aus Europa

Zu den Werken flämischer und holländischer Meister sowie französischer Impressionisten gehört auch Monets *Im Wald bei Giverny (unten)*.

5 Fotografien, Drucke & Zeichnungen

Während sich die Fotosammlung des LACMA weitgehend auf Bilder konzentriert, die in den letzten 60 Jahren entstanden sind, reichen einige der Drucke und Zeichnungen bis ins 15. Jahrhundert zurück.

Kurzführer

Die vier Gebäude, in denen die ständige Sammlung des Museums hauptsächlich untergebracht war, wurden geschlossen. Ersetzt werden sie durch die David Geffen Galleries, deren Eröffnung 2024 geplant ist. In der Zwischenzeit kann man das BCAM (Broad Contemporary Art Museum) und den Resnick Pavilion besuchen. Dort werden wechselnde Kunstwerke aus der ständigen Sammlung des Museums gezeigt.

6 Kunst aus Süd- & Südostasien

Die Abteilung mit Skulpturen, Aquarellen, Handschriften, Ritualobjekten und Münzen aus dem 11. bis 20. Jahrhundert ist imposant. Zu den Hauptattraktionen zählen die Kunstwerke aus Indien *(links)*.

9 Kunst aus Lateinamerika

Die Sammlung vereint Kunst aus der Kolonialzeit, antike und moderne Kunst aus Süd- und Mittelamerika sowie bedeutende Werke von Orozco, Wifredo Lam, Torres-García und der Maya.

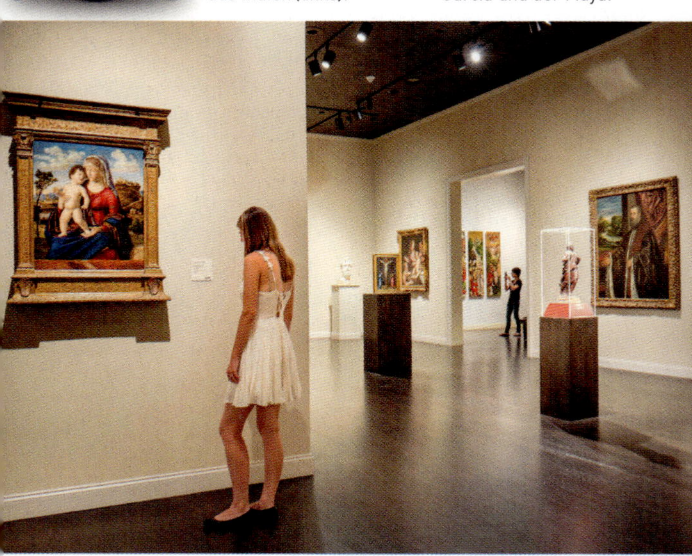

Gemäldeausstellung im LACMA

7 Kunsthandwerk & Design

In der Abteilung ist europäisches und amerikanisches dekoratives Design vom Mittelalter bis zur Gegenwart zu sehen. Sie beinhaltet auch die Palevsky Arts and Crafts Collection.

8 Kunst aus China & Korea

Die größte koreanische Kunstsammlung außerhalb von Südkorea umfasst Werke des 5. bis 20. Jahrhunderts. Aus China stammen Keramiken, Gemälde und Bronzearbeiten.

10 Moderne Kunst

Die Sammlung an Kunst von 1945 bis heute reicht von Gemälden bis zu Videoinstallationen. Matisse, Picasso und Magritte zählen zu den in der Abteilung repräsentierten Künstlern.

Infobox

Karte N6 ▪ 5905 Wilshire Blvd, Miracle Mile ▪ Bus: Fairfax/Wilshire ▪ +1-323-857-6000 ▪ www.lacma.org

▪ Mo, Di & Do 11–18 Uhr, Fr 11–20 Uhr, Sa & So 10–19 Uhr

▪ Eintritt (ohne Sonderausstellungen) 25 $ (ermäßigt 21 $), unter 18 Jahren 10 $

▪ Im LACMA Café gibt es Snacks und Erfrischungen. Ray's & Stark Bar serviert Gerichte aus regionalen Zutaten der Saison.

▪ Mehrmals im Jahr werden kostenlose Filme, Livemusik (So) und kostenlose Jazzkonzerte (Fr) veranstaltet (Details siehe Website).

▪ Das Museum wird derzeit umfassend modernisiert (Details siehe Website).

Meisterwerke im LACMA

1 *Portrait of Mrs. Edward L. Davis and Her Son, Livingston Davis*

John Singer Sargent (1856–1925) war produktiver Porträtist der Gesellschaft an der Ostküste. In dem Bild von 1890 mischt er lockere Pinselstriche (beim Sohn) mit realistischer Darstellung (bei der Mutter).

2 Stehender Krieger

Die Figur eines Kriegerkönigs (zwischen 200 v. Chr. und 300 n. Chr.) ist mit gut einem Meter das größte bekannte Werk aus Westmexiko.

3 Adlerköpfige Gottheit

Kunstvoll behauene Steinplatten zierten oft antike syrische Paläste. Dieses Exemplar zeigt eine Gottheit, die einen Baum mit Blütenstaub befruchtet.

Büßende Magdalena

4 *Büßende Magdalena*

Der französische Barockmaler Georges de La Tour (1593–1652) setzte starke Licht-Schatten-Kontraste ein, um sein Sujet mit viel Realismus und hoher Detailtreue darzustellen.

Thangka *Yama & Yami*

5 *Yama & Yami*

Das Rollbild (spätes 17. bis frühes 18. Jh.), mit über zwei Metern Höhe das größte tibetische Thangka außerhalb von Tibet, wurde mit hoher Sorgfalt restauriert.

6 *Improvisation Nr. 3*

Der in Moskau geborene Wassily Kandinsky (1866–1944), ein Pionier der abstrakten Malerei, schuf Gemälde mit spirituellen Abstraktionen in kräftigen Farben und Formen. *Improvisation Nr. 3* entstand 1914.

7 Ohne Titel (S.027)

Die japanisch-amerikanische Bildhauerin Ruth Asawa (1926–2013) ist für ihre Drahtskulpturen bekannt. Dieses hängende Werk aus sechseinhalb offenen, sich gegenseitig durchdringenden hyperbolischen Formen ist gut 2,40 Meter hoch.

8 *Mulholland Drive*

Der lange Zeit in Los Angeles ansässige Brite David Hockney (geb. 1937) schuf zahlreiche Panoramaemälde. Das farbenrohe, dynamische Bild on 1980 zeigt die berühmte Straße zwischen Hockneys Haus nd seinem Atelier.

9 Shiva als Herr des Tanzes

ie schöne Skulptur aus em 11. Jahrhundert zeigt indugott Shiva als Herrn es kosmischen Tanzes, der das Universum ls Zyklus aus Schöpfung, Bewahrung und Zerstörung definiert.

Shiva als Herr des Tanzes

10 *Urban Light*

Der US-amerikanische Bildhauer und Installationskünstler Chris Burden (1946–2015) arrangierte 202 gusseiserne Laternen, die einst die Straßen von Los Angeles beleuchteten. Dieser »Wald aus Licht und Magie« erwacht abends zum Leben.

Miracle Mile

Das LACMA befindet sich an einem besonders interessanten Abschnitt des Wilshire Boulevard, der sogenannten Miracle Mile. Das Geschäftsviertel an dieser Straße war das erste außerhalb von Downtown und das erste, das im Hinblick auf die motorisierte Kundschaft entworfen wurde. Es entstand nach Plänen des Bauunternehmers A. W. Ross, der 1921 sieben Hektar Land zwischen La Brea und Fairfax Avenue erwarb, um daraus die »Fifth Avenue des Westens« zu machen. Rasch siedelten sich dort Kaufhäuser und gehobene Läden an. Gleichzeitig wurde damit die Dezentralisierung von Los Angeles eingeläutet. In den frühen 1960er Jahren sorgte die Einführung von Shoppingmalls für das Ende des »Wunders«. Verglichen mit ihrer Glanzzeit ist die Miracle Mile heute ein Schatten ihrer selbst, der Zuzug von vornehmen Galerien sorgte jedoch für erneuten Aufschwung. Einige der Art-déco-Gebäude haben überdauert. Sie stehen heute unter Denkmalschutz.

Art déco an der Miracle Mile

1 May Co. Department Store (1940), Ecke Wilshire Blvd / Fairfax Ave

2 El Rey Theater (1928), 5517 Wilshire Blvd

3 Desmonds Department Store Building (1929), 5514 Wilshire Blvd

4 Commercial Building (1927), 5464 Wilshire Blvd

5 Roman's Food Mart (1935), 5413 Wilshire Blvd

6 Chandler's Shoe Store (1938), Ecke Wilshire Blvd / Cloverdale Ave

7 Dominguez-Wilshire Blvd (1930), 5410 Wilshire Blvd

8 The Dark Room (1938), 5370 Wilshire Blvd

9 Wilson Building (1930), 5217–5231 Wilshire Blvd

10 Security Pacific Bank Building (1929), 5209 Wilshire Blvd

Im May Company Building ist das fantastische Academy Museum of Motion Pictures untergebracht.

TOP 10 El Pueblo de Los Angeles

Das denkmalgeschützte Viertel birgt die ältesten Gebäude der Stadt (1818–1926). 1781 gründeten hier 44 mexikanische Einwanderer im Namen der spanischen Krone den Ort El Pueblo de la Reina de Los Angeles. Das Viertel bietet auch Zeugnisse späterer Einwanderer aus China, Italien und Frankreich. Mit dem Anwachsen von Los Angeles zur Metropole zogen die Gewerbe ab und das Areal verfiel. Nach sorgsamer Sanierung sind heute in einigen der 27 Gebäude Museen untergebracht.

1 *América Tropical*

Das Wandbild des Mexikaners David Alfaro Siqueiros stammt von 1932 und ist eine Allegorie auf die Ausbeutung mexikanischer Arbeiter.

2 *Blessing of the Animals*

Leo Politis Wandbild von 1978 zeigt die alte mexikanische Tradition, den Tieren für die Freude und die Dienste, die sie den Menschen erweisen, zu danken. Die Feierlichkeiten finden alljährlich auf der Old Plaza statt.

Die Mutter der Olvera Street

Die Wiederbelebung von El Pueblo de Los Angeles ist Christine Sterling (1881–1963), einer Dame der Oberschicht, zu verdanken. Bestürzt über den Verfall des ältesten Stadtviertels, rief sie 1926 eine Kampagne zu dessen Rettung ins Leben und wurde dabei u. a. von Harry Chandler, dem Herausgeber der *Los Angeles Times*, unterstützt. Im April 1930 wurde die Olvera Street als mexikanischer Markt wiedereröffnet. Im Avila Adobe ist eine Ausstellung über Sterling zu sehen.

3 Old Plaza

Bei Fiestas ist der Platz von Musik, Tanz und Spaß erfüllt. Statuen von König Karl III. von Spanien und Felipe de Neve sowie eine Tafel mit den Namen der ersten Siedler ehren die Gründerväter der Stadt.

4 Olvera Street

Die nach L.A.s erstem Richter benannte Straße ist seit 1930 ein mexikanischer Marktplatz *(rechts)*. An den Ständen gibt es Volkskunst und Kuriositäten sowie Tacos und *tortas*.

5 Sepulveda House

Eloisa Sepulveda ließ das viktorianische Haus mit Wohnung, Hotel und zwei Läden 1887 errichten. Es hat 22 Zimmer.

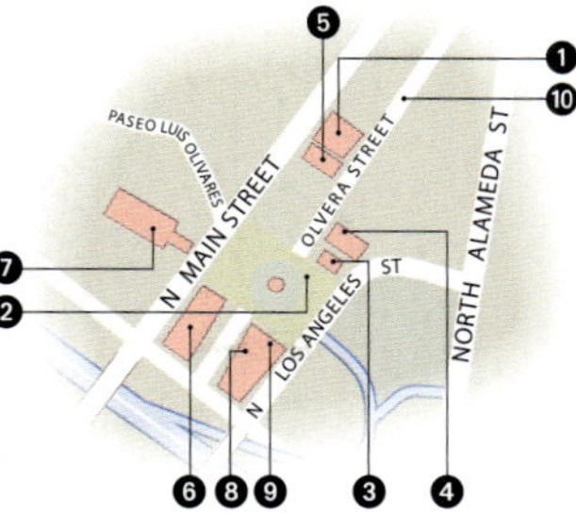

6 Pico House

Pio Pico, der letzte mexikanische Gouverneur Kaliforniens, baute das Haus *(oben)* 1870. Das erste dreistöckige Gebäude in Los Angeles war einst ein Hotel.

9 Old Plaza Firehouse

Der zweistöckige Ziegelbau ist sehenswert: Die erste Feuerwache der Stadt – mit Freiwilligen und von Pferden gezogenem Löschwagen – war bis 1897 in Betrieb. Es gibt eine Ausstellung.

10 Avila Adobe

Das 1818 von Bürgermeister Don Francisco Avila erbaute Haus *(unten)* ist das älteste der Stadt. Es diente erst als Militärzentrale, dann als Pension. Heute ist hier das Visitor Center untergebracht.

7 Plaza Catholic Church

Los Angeles' älteste Kirche *(oben)* wurde 1822 errichtet und im Jahr 1861 rekonstruiert. Die bemalte Decke und der mit Blattgold verzierte Hauptaltar sind bemerkenswert.

8 Chinese American Museum

Im späten 19. Jahrhundert ließen sich hier Chinesen nieder. Das Museum im Garnier Building (1890) widmet sich ihrer Geschichte.

Infobox

Karte W3–4
■ Metro: Union Station

El Pueblo Visitor Center: Avila Adobe, Olvera Street
■ +1-213-628-1274
■ Zeiten tel. erfragen
■ https://elpueblo.lacity.org

Marktstände in der Olvera Street: tägl. 9–18 Uhr (manche öffnen früher und schließen später)

Avila Adobe: Di–So 10–15 Uhr

Old Plaza Firehouse: Di–So 10–15 Uhr

Chinese American Museum: 425 N Los Angeles St
■ +1-213-485-8567
■ www.camla.org ■ Fr–So 10–15 Uhr ■ Eintritt 3 $

■ Die Olvera Street bietet authentisch mexikanische Lokale wie Cielito Lindo und La Luz del Día.

■ Las Angelitas del Pueblo (130 Paseo de la Plaza; www.lasangelitas.org) bietet kostenlose, 50-minütige Führungen durchs Viertel (Mo–Do 10, 11 & 12 Uhr).

Folgende Doppelseite Chinesischer Garten, The Huntington

TOP 10 The Huntington

Die Huntington Library, Art Collections & Botanical Gardens sprechen Auge, Geist und Seele gleichermaßen an. Der einstige Besitz des Eisenbahn- und Immobilienmagnaten Henry E. Huntington (1850–1927) umfasst drei Attraktionen: Die Bibliothek besitzt rund sieben Millionen seltene Manuskripte und Bücher, darunter eine echte Gutenberg-Bibel; die Kunstsammlung präsentiert Werke britischer, französischer und amerikanischer Künstler; auf den Wegen des artenreichen Botanischen Gartens kann man herrlich flanieren.

1 Wüstengarten

Der exotische Garten *(oben)* mit blühenden Sukkulenten und Kakteen entführt Besucher in eine außergewöhnliche Welt. Die Anlage zeigt anschaulich, wie sich Wüstenpflanzen an extreme Lebensbedingungen anpassen.

2 Rosengarten

In dem romantischen Garten wachsen etwa 1200 verschiedene Rosenarten. So manche Züchtung reicht bis ins antike Griechenland zurück. Die Blumen blühen von März bis Dezember, mit Abstand am schönsten ist der Garten jedoch im Mai.

3 Japanischer Garten

Der Japanische Garten *(rechts)*, einer der ältesten seiner Art in den USA, ist ein herrlicher Ort der Ruhe und Einkehr. Die zauberhafte Anlage birgt einen Teich mit Koi und Seerosen, ein hübsches Teehaus und einen Wasserfall.

4 Kameliengarten

Im 18. Jahrhundert kamen Kamelien in die USA. Mit ca. 1200 von Januar bis März blühenden Arten ist dies eine der schönsten Sammlungen.

5 Chinesischer Garten

Die Anlage des »Gartens der blühenden Düfte« (Liu Fang Yuan) folgt der chinesischen Tradition, Gärten als Lehrstätten zu gestalten. Um einen kleinen See gruppieren sich Pavillons und ein Teehaus.

6 Nordallee

Die Palmen und Statuen, die die Grünfläche des Barockgartens *(unten)* säumen, erinnern an europäische Schlösser. Die Allee führt von der Galerie zu einem italienischen Brunnen.

7 Gutenberg-Bibel

ie Bibel von 1455 *echts)* ist eines von völf erhaltenen xemplaren, die der ainzer Johannes utenberg – Erfin-er der beweglichen Drucklettern – auf Pergament ruckte, und die Hauptattraktion der Huntington ibrary. Die Illustrationen wurden von Hand ergänzt.

8 Boone Gallery

Das Gebäude von 911 – ursprünglich e Garage von Henry untington – dient echselausstellungen. ie Säulen greifen den assizistischen Stil es Haupthauses auf.

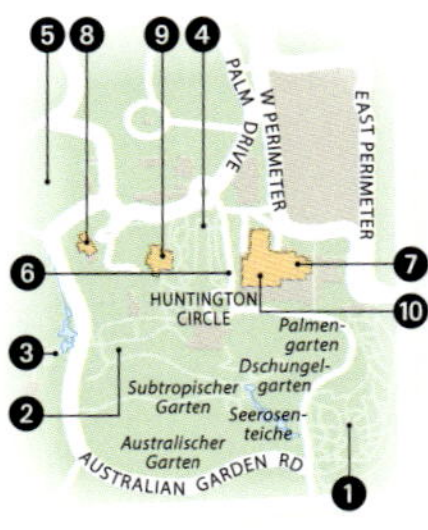

9 Greene & Greene

ie für Holzhäuser und dle Möbel bekannten harles und Henry reene wandten ab 1900 s Erste den Crafts-an-Stil an *(siehe S. 95)*.

10 *The Canterbury Tales*

Die auch »Ellesmere-Manuskript« genannte Handschrift (1410) vom berühmtesten Werk des englischen Dichters Geoffrey Chaucer ist komplett, gut erhalten und voller leuchtender Illustrationen.

Kurzführer

The Huntington ist über die Orlando Road und die Oxford Road erreichbar. Beide Straßen führen zu dem Parkplatz, von dem aus man zum Eingangspavillon gelangt. Dort sind Gratisbroschüren erhältlich. Der Museumsladen führt Souvenirs und Kunstbücher. Für die Besichtigung benötigt man zwei Stunden, es lohnt sich aber, einen ganzen Tag einzuplanen.

Infobox

Karte E2 ■ 1151 Oxford Rd, San Marino (bei Pasadena) ■ Metro: Allen (ca. 2,5 km nördl.) ■ +1-626-405-2100 ■ www.huntington.org

■ Mi–Mo 10–17 Uhr

■ Eintritt: Erwachsene 25 $ (29 $ an Wochenenden) ■ Senioren & Studenten 21 $ (24 $ an Wochenenden) ■ Kinder (4–11 Jahre) 13 $ ■ unter 4 Jahre frei ■ 1. Do im Monat frei (mit Reservierung) ■ Onlinebuchung erforderlich

■ Picknicken ist in den Gärten nicht erlaubt, wohl aber im Garden Court und im Innenhof neben dem Ticketschalter. Im 1919 Cafe, im Jade Court Cafe oder im Red Car Coffee Shop kann man eine Kleinigkeit essen.

■ Pflanzen der Gärtnerei können im Frühjahr auch online erworben werden.

Kunstwerke

Pinkie, vollendet im Jahr 1794

1 *Pinkie*

Thomas Lawrence (1769–1830) malte die elfjährige Sarah »Pinkie« Barrett Moulton erfrischend lebhaft. Das Mädchen starb kurz nach Fertigstellung des Bilds, vermutlich an Schwindsucht.

2 *The Blue Boy*

Thomas Gainsborough (1727–1788) war ein gefeierter Porträtmaler der britischen High Society. Das berühmte Gemälde von 1770 zeigt seinen Freund Jonathan Buttall.

3 *Blick auf den Stour bei Dedham*

Der romantische Landschaftsmaler John Constable (1776–1837) bildete die Natur lyrisch ab. Seine Betonung von Himmel, Licht und abstrakten Elementen beeinflusste viele andere Künstler, u. a. die Impressionisten.

4 *Madonna mit Kind*

Der Flame Rogier van der Weyden (um 1400–1464) gab seinen Werken emotionale Intensität, wie bei diesem Bild an Gesicht und Händen der Jungfrau zu sehen ist.

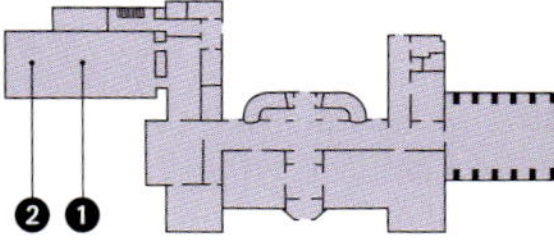

Huntington Art Gallery, Erdgeschoss

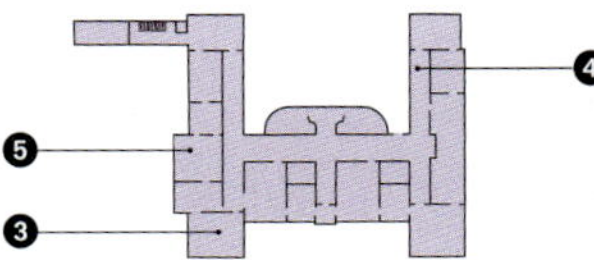

Huntington Art Gallery, erster Stock

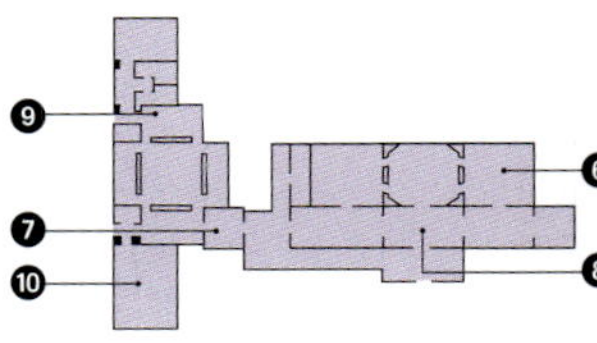

Virginia Steele Scott Galleries of American Art

5 *Canal Grande, Venedig*

Das Gemälde von 1837 ist ein schönes Beispiel für die geradezu durchscheinenden Werke J. M. W. Turners (1775–1851). Die Figur rechts unten ist Shylock aus Shakespeares *Der Kaufmann von Venedig*.

The Long Leg, gemalt um 1930

6 *The Long Leg*

Einsamkeit und Anonymität der menschlichen Existenz sind wiederkehrende Themen im Werk Edward Hoppers (1882–1967), eines führenden amerikanischen Realisten. Hier drückt er die Verlassenhei durch ein einsames Segelboot aus.

7 *Chimborazo*

Eine Reise nach Ecuador inspirierte den amerikanischen Landschaftsmaler Frederic Edwin Church (1826–1900) zu diesem Gemälde (1864). Der Künstler kombiniert in kreativer Freiheit Berge, Wüste und Dschungel.

8 *Frühstück im Bett*

1873 kam die in Pennsylvania geborene Mary Cassatt (1844–1926) nach Paris, freundete sich mit Degas an und entdeckte den Impressionismus für sich. Zu ihren Lieblingsmotiven gehörten Mutter und Kind.

9 *The Western Brothers*

John Singleton Copley (1738–1815) kam in Boston zur Welt und zog Ende 1775 nach England. Das Doppelporträt von 1783 charakterisieren fließende Pinselstriche und der starke Ausdruck in den Gesichtern der jungen Männer.

10 Robinson-Speisesaal

Der rekonstruierte Speisesaal steht für den innovativen Geist der Brüder Charles und Henry Greene. Der zwischen 1905 und 1907 gestaltete Raum enthält Originalmöbel und einen beeindruckenden Lüster.

Henry Huntingtons »Big Red Cars«

Henry E. Huntington erwarb sein Vermögen mit einer Verbindung aus Immobilienspekulation und öffentlichem Verkehr. Der größte Landbesitzer Südkaliforniens gründete 1901 die Pacific Electric Railway, damit die von ihm erbauten Vororte besser zu erreichen waren. Bald bildeten Henry Huntingtons rote Regionalzüge – die »Big Red Cars« – das weltweit größte Netz elektrisch betriebener Regionalbahnen und verbanden Gemeinden in Südkalifornien. Als er 1910 große Teile dieses Besitzes an die Southern Pacific Railroad verkaufte, hatte sich die Bevölkerung von Los Angeles auf etwa 310 000 Einwohner verdreifacht. Die letzte Bahn absolvierte ihre Abschiedsfahrt im Jahr 1961.

Fakten zu den »Big Red Cars«

1. Befahrene Countys: 4
2. Verbundene Orte: 50
3. Erste Fahrt: 1901
4. Letzte Fahrt: 1961
5. Schienennetz: 1850 km
6. Flotte: bis 900 Wagen
7. Passagiere: 109 Mio. im Jahr 1944
8. Fahrpreis: 1 Penny pro Meile
9. Höchstgeschwindigkeit: 60 – 80 km/h
10. Wagenlänge: 15 m

Das Modell eines der beliebten »Big Red Cars« ist eines der Highlights der Huntington-Sammlung.

TOP 10 ★ Universal Studios Hollywood℠

Die weltweit größten Film- und Fernsehstudios gehen auf Carl Laemmle zurück. Der Kinopionier kaufte 1915 eine ehemalige Geflügelfarm, brachte Kameras und Schauspieler dorthin und begann, Stummfilme zu produzieren. 1964 nahm der Themenpark Form an. Heute verzeichnen die Studios in Hollywood sieben Millionen Besucher im Jahr – mehr als jede andere Attraktion in Los Angeles.

1 King Kong 360 3-D

Die erste Attraktion des Parks, die Peter Jackson entwarf, basiert auf dessen oscarprämiertem Film von 2005. Die Passagiere in der Universal-Tram, die wie der Film mit einem Simulator verbunden ist, erleben einen Kampf des über neun Meter großen Gorillas mit Dinosauriern *(oben)*. Die Show gilt als die »größte und eindringlichste 3-D-Vorstellung der Welt«.

2 CityWalk

Auf der Promenade am Rand der Studios sorgen Restaurants, Läden, Neonschilder und Vergnügungsstätten für lebhafte Jahrmarktsstimmung.

3 Studio Tour

Die rund 60-minütige Tramfahrt mit Führer gibt Einblick in die Welt des Filmemachens. Sie führt an Tonstudios, Kulissen und fabelhaften Außensets *(rechts)* vorbei über das Studiogelände.

4 The Simpsons Ride™

Mit den Simpsons geht in »Krustyland« darum, Bart vor Tingeltangel-Bob zu retten. Alle Figuren haben die Stimmen der Originalsprecher.

5 Jurassic World™ – The Ride

Die Attraktion *(oben)*, teils Expedition, teils Floßfahrt, basiert auf der *Jurassic-Park*-Filmreihe.

8 DreamWorks Theatre Featuring Kung Fu Panda

Auf der Reise mit Panda Po und seinen Getreuen sorgen bahnbrechende Innenraumprojektionen, 360-Grad-Surround-Sound und eine Vielzahl von Spezialeffekten für einen wahren Rausch der Sinne.

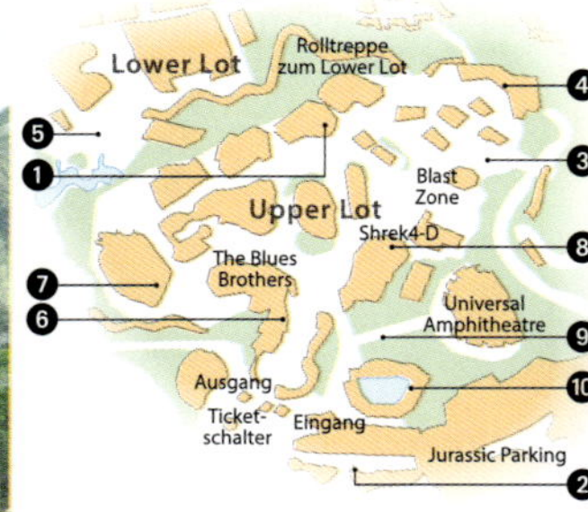

6 Revenge of The Mummy℠ – The Ride

Bei der gruseligen Fahrt mit der ältesten Achterbahn des Parks sollte man keine Angst vor Dunkelheit, Insekten, Geschwindigkeit und Höhe haben.

7 Transformers™: The Ride-3D

Passagiere geraten zwischen die intergalaktischen Fronten heldenhafter Autobots und böser Decepticons.

Kurzführer

Eine lange, mehrteilige Rolltreppe verbindet den oberen mit dem unteren Abschnitt des Geländes. Besucher erhalten eine Orientierungskarte mit allen Showterminen. Für den Weg vom Parkplatz zur Kasse über den CityWalk benötigt man etwa zehn Minuten. Von Oktober bis April herrscht an Werktagen weniger Andrang, im Sommer sollte man frühzeitig eintreffen und die beliebtesten Attraktionen zuerst besuchen.

9 The Wizarding World of Harry Potter™

Die mit Liebe zum Detail gestalteten Hogsmeade und Hogwarts *(oben)*, die 3-D-Fahrt »Harry Potter and the Forbidden Journey™« und die Achterbahn »Flight of the Hippogriff™« machen »Muggel« glücklich.

10 Water World®

Die Show, bei der das Eis der Pole geschmolzen ist und alles Land unter Wasser liegt, bietet großartige Stunts. Eines der Highlights ist die Bruchlandung eines Wasserflugzeugs.

Infobox

Karte D1 ■ 100 Universal City Plaza, Universal City ■ Metro: Universal City / Studio City ■ +1-800-864-8377 ■ www.universalstudioshollywood.com

■ Öffnungszeiten tel. oder online erfragen

■ Eintritt: 109 – 329 $; Onlinereservierung im Voraus erforderlich (Details siehe Website)

■ Im Park sind Snackbars und Selbstbedienungsrestaurants vorhanden. Besser sind die Restaurants am CityWalk – lassen Sie sich dann aber am Ausgang einen Stempel für den Wiedereintritt geben.

■ Entgehen Sie den Besuchermassen mit der geführten »VIP Experience«. Das Angebot umfasst eine erweiterte Studio Tour, Snacks und Erfrischungen, ein Gourmetmenü, Expresszugang zu den Fahrgeschäften und Parkservice. Die Ticketpreise variieren.

TOP 10 ★ Griffith Park

Den 16 Quadratkilometer großen Griffith Park prägen zerklüftete Felsen und sanfte Täler mit Chamäleonbäumen, Eichen und Salbei. Neben Wander- und Reitwegen gibt es hier Picknick-, Golf- und Tennisplätze sowie ein Schwimmbad. Die Entstehung des großen Stadtparks geht auf den Waliser Griffith Jenkins Griffith (1850–1919) zurück, der Los Angeles 1896 einen großen Teil seines Landbesitzes schenkte – unter der Bedingung, »einen Platz der Erholung« entstehen zu lassen.

1 Autry Museum of the American West

Zur Sammlung von Kunst und Objekten aus dem Westen der USA *(oben)* gehört eine besonders sehenswerte Colt-Sammlung.

James Dean Memorial

James Dean (1931–1955) starb bei einem Autounfall auf einem einsamen Highway in Zentralkalifornien. Eine Bronzebüste vor dem Griffith Observatory ehrt den Schauspieler. Auf den Stufen dieses Gebäudes wurde die berühmte Messerstecherei des Films *…denn sie wissen nicht, was sie tun* gedreht. Abgesehen von der Kunst der Darsteller verdankt die Szene ihre Intensität auch der Tatsache, dass die Schauspieler – durch Westen geschützt – mit echten Messern hantierten.

2 Los Angeles Zoo

Der Zoo beheimatet ca. 1200 Tiere, u. a. Schimpansen und Koalas. Das Aufzuchtprogramm bewahrte den kalifornischen Kondor vor dem Aussterben *(siehe S. 59)*.

3 Mount Hollywood Trail

Der Aufstieg auf den Gipfel des Mount Hollywood, den höchsten Punkt im Griffith Park, wird mit einer herrlichen Aussicht auf Los Angeles belohnt.

4 Travel Town Museum

Die Sammlung von alten Locks *(unten)*, Fracht- und Passagierwaggons sowie mehreren Güterzügen lockt Eisenbahnfans in das Freilichtmuseum. Kinder mögen vor allem die Fahrt mit der Miniaturbahn.

5 Greek Theatre

Auf der beliebten Freilichtbühne finden im Sommer viele Konzerte renommierter Musiker statt. Das Theater mit 5700 Plätzen ist ideal, um Stars aus der Nähe zu sehen *(siehe S. 64)*.

6 Forest Lawn Memorial Park – Hollywood Hills

Auf dem parkähnlichen, mit patriotischer Kunst und Architektur ausgestatteten Friedhof sind Bette Davis und Buster Keaton bestattet.

7 Griffith Observatory & Planetarium

Das Observatorium *(unten)*, seit 1935 Hauptattraktion des Griffith Park, erhielt bei einer Renovierung rund 3700 Quadratmeter mehr Fläche.

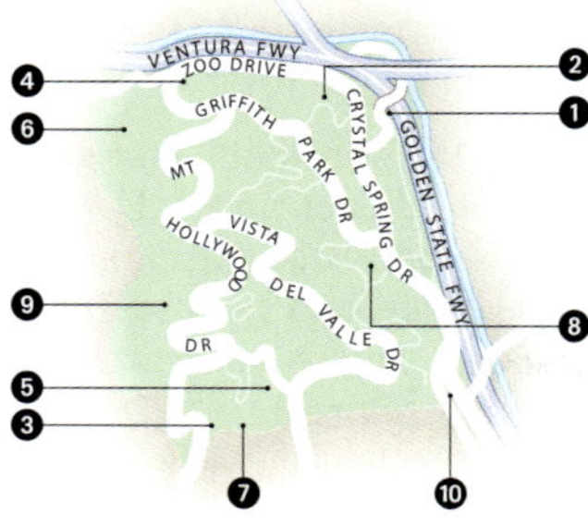

8 Karussell

Das Stillman-Karussell von 1926 sorgt im futuristischen Los Angeles für einen Hauch Nostalgie. Die Schweife der 68 Holzpferde sind aus echtem Pferdehaar.

9 Bronson Caves

Der etwas abgelegene ehemalige Steinbruch und dessen Höhlen *(unten)* dienten schon als Kulisse für Film- und Fernsehproduktionen wie *Bonanza*, *Star Trek* und *Batman*.

Infobox

Karte D1

Griffith Park: tägl. 5–22.30 Uhr ▪ www.laparks.org/griffithpark

Ranger Station: 4730 Crystal Springs Dr ▪ +1-323-644-6661

Griffith Observatory: 2800 E Observatory Rd ▪ +1-213-473-0800 ▪ www.griffithobservatory.org ▪ Fr 12–22 Uhr, Sa & So 10–22 Uhr ▪ frei

Autry Museum of the American West: 4700 Western Heritage Way ▪ +1-323-667-2000 ▪ www.theautry.org ▪ Di–So 10–16 Uhr ▪ Eintritt 14 $

Travel Town Museum: 5200 Zoo Dr ▪ +1-323-668-0104 ▪ Do–Di 10–17 Uhr ▪ frei (Spende)

Bronson Caves: Fußweg ab Ende Canyon Drive (östlich vom letzten Parkplatz)

Griffith Park & Southern Railroad: 4400 Crystal Springs Dr ▪ +1-323-664-6903 ▪ tägl. 10–16.30 Uhr (Sa & So bis 17 Uhr)

▪ The Crossroads West Café im Autry Museum of the American West serviert Frühstück und Lunch.

▪ Sunset Ranch Hollywood (3400 N Beachwood Dr; +1-323-469-5450) organisiert freitagabends Ausritte.

10 Griffith Park & Southern Railroad

An dem Bahnhof bestiegen schon unzählige Kinder die drei Minibahnen, die auf der 1,5 Kilometer langen Fahrt einen Ponyhof, eine Wildwest-Geisterstadt, ein Indianerdorf, grasende Ziegen, einen Kaktusgarten, eine Brücke und einen Tunnel passieren.

TOP 10 Disneyland® Resort

Disneyland® ist seit seiner Gründung im Jahr 1955 ein Wahrzeichen von Los Angeles. 2001 eröffnete neben der Originalanlage mit Disney California Adventure® ein zweiter Themenpark. Beide Parks bilden zusammen mit drei Disney-Hotels und dem Unterhaltungs-, Restaurant- und Shoppingareal Downtown Disney® das Disneyland® Resort.

1 Meet Mickey

In Mickey's Toontown *(rechts)* sind Kinder, bevor sie Mickey Mouse persönlich treffen, herzlich eingeladen, sein Haus, seinen Garten und eine Comic-Kulisse zu besichtigen.

2 Haunted Mansion

999 Dämonen hausen in der geheimnisvollen Villa am New Orleans Square. Die Fahrt im »Doom Buggy« ist aufregend.

3 Matterhorn Bobsleds

Die älteste Achterbahn des Parks wirkt harmlos, ist aber durchaus effektvoll. Schnallen Sie sich gut an für die Bobfahrt – für Kinder ein Muss.

4 Pirates of the Caribbean

Besucher sollten ihren Hut festhalten, wenn sie in die nasse, dunkle Welt eintauchen, in der verruchte Piraten die Karibik unsicher machen *(oben)*.

5 Big Thunder Mountain Railroad

Bergwerkloren rasen in Frontierland durch den Wilden Westen. Die Fahrt führt durch Fledermaushöhlen und an herabstürzenden Felsen vorbei.

6 Roger Rabbit's Car Toon Spin

Machen Sie sich in Mickey's Toontown auf eine wilde Fahrt durch die verrückte Welt von Roger Rabbit gefasst.

Shows, Paraden & Feuerzauber

Das täglich wechselnde Programm reicht von Mickeys großartiger Parade mit Musik und geschmückten Wagen auf der Main Street, U.S.A. bis zu »Remember ...«, einem eindrucksvollen Feuerwerk zu bekannten Melodien aus Disney-Filmen. Ein weiteres Sommer-Highlight ist Fantasmic!, eine 25-minütige abendliche Liveshow mit Mickey Mouse, weiteren Disney-Figuren und Special Effects. Besondere Shows gibt es auch zu Weihnachten, zu Halloween und zum Chinesischen Neujahrsfest.

7 Space Mountain

Auf der Reise ins Unbekannte, vorbei an Kometen, Sternen und Sonnensystemen, wird man so durchgeschüttelt, dass man sich unweigerlich in der Rakete festkrallt.

8 Splash Mountain

Folgen Sie in Critter Country Bruder Rabbit und den anderen Figuren aus Disneys *Song of the South* auf eine Reise im ausgehöhlten Baumstamm über zauberhafte Wasserwege.

9 Indiana Jones™ Adventure

Begleiten Sie »Indy« auf der Fahrt im wackligen Jeep durch einen alten Tempel in Adventureland.

Star Tours – The Adventures Continue 10

Die von den originalen Disneyland® Star Tours inspirierte Attraktion in Tomorrowland *(rechts)* beinhaltet diverse Figuren und Schauplätze in 3-D.

Infobox

Karte F4 ■ 1313 Harbor Blvd, Anaheim, ca. 50 km südlich von Los Angeles ■ +1-714-781-4636 ■ www.disneyland.com

Disneyland® & Disney California Adventure®: Öffnungszeiten tel. oder online erfragen ■ Eintritt für 1 Park: Erwachsene 104–164 $ ■ Kinder (3–9 Jahre) 98–155 $

■ Eintritt für beide Parks (Park Hopper Ticket): Erwachsene 164–224 $ ■ Kinder (3–9 Jahre) 158–215 $

■ Reservierung erforderlich; informieren Sie sich online über die Öffnungszeiten.

■ Essen Sie im Blue Bayou Restaurant (Disneyland®) oder in der Wine Country Trattoria (Disney California Adventure®).

■ Wer Disneyland® Resort gleich morgens bei Öffnung besuchen möchte, sollte von Los Angeles aus eineinhalb Stunden vorher aufbrechen.

Disneyland® Resort: Disney California Adventure®

1 Pixar Pier

Die beliebte Ergänzung von Disney California Adventure® bietet den aufregenden Incredicoaster – die einst als »California Screamin'« betriebene Achterbahn fährt heute unter dem Logo »Incredibles« (»Die Unglaublichen«). Weitere Attraktionen sind Spezialitäten nach Pixar-Art und die Lamplight Lounge.

2 Mickey's Fun Wheel

Das knapp 50 Meter hohe Riesenrad mit der großen strahlenden Mickey Mouse auf der Vorderseite ist nicht zu übersehen. Besucher haben die Wahl: Die äußeren roten Gondeln sind fest, wie bei einem herkömmlichen Riesenrad, die inneren Gondeln sind dagegen beweglich und schwingen während der Fahrt. Beide Varianten bieten einen atemberaubenden Blick auf Paradise Bay. Reihen Sie sich unbedingt in die Schlange für die Neun-Minuten-Fahrt ein.

3 Animation Academy

In rund 15 Minuten kann man bei einem Disney-Zeichner Schritt für Schritt lernen, wie man seine Lieblingsfigur, etwa Mickey, Donald oder Goofy, zeichnet. Materialien werden bereitgestellt, und natürlich darf man das fertige Bild anschließend mit nach Hause nehmen.

4 Avengers Campus

Begeben Sie sich auf rasante Fahrt im »Web Slingers: A Spider-Man Adventure«, begegnen Sie Dr. Strange in den Ruinen des »Ancient Sanctum«, oder schließen Sie sich im Quinjet-Gebäude, den »Avengers Headquarters«, Helden wie Black Widow, Iron Man und The Wasp an.

5 Grizzly River Run

Die als »weltweit höchste, längste und schnellste« deklarierte Wildwasserfahrt entführt auf eine Reise durch die Sierra Nevada, bei

Der rasante Grizzly River Run

Radiator Springs Racers rasen durch das Ornament Valley

der man ordentlich nass wird. Über dem Fahrgeschäft ragt ein Berg in Form eines Grizzlykopfs empor.

6 Toy Story Midway Mania!

Setzen Sie Ihre 3-D-Brille auf, und begeben Sie sich in eine Welt amerikanischer Jahrmarktsklassiker. Werfen Sie Pfeile auf Ballons, Ringe auf Aliens und Eier auf Ziele in einem Scheunenhof. Es gibt gute Spezialeffekte.

7 World of Color

Die Show aus Wasserfontänen, Feuer und Licht ist ein Spaß für die ganze Familie. Auf einer riesigen Leinwand aus Wassernebel werden, von Spezialeffekten untermalt, Disney-Figuren und Filmausschnitte projiziert. Leuchtende Farben, Flammen, die bis zu 15 Meter in die Höhe schnellen, und ein grandioser Soundtrack machen dies zu einem atemberaubenden Spektakel.

8 Guardians of the Galaxy – Mission: BREAKOUT!

Erleben Sie das beängstigende, aber aufregende Gefühl eines freien Falls in von Audio- und visuellen Effekten erfüllter Dunkelheit. Begleiten Sie die Marvel-Comics-Figur Rocket Raccoon bei seinem Versuch, andere »Guardians of the Galaxy« aus gläsernen Gefängnissen über einem bodenlosen Abgrund zu befreien. Das Gefühl des »freien Falls« ist Teil des Vergnügens.

9 Radiator Springs Racers

In einem lächelnden Sechs-Sitzer-Cabrio geht es zunächst gemütlich durch das Ornament Valley. An der Startlinie wartet dann ein zweiter voll besetzter Rennwagen auf das Startsignal mit der grünen Flagge. Was nun folgt, ist ein wilder Ritt durch überhöhte Kurven in der Wüste, vorbei an Hügeln, roten Felsformationen und Geysiren.

Soarin' Around the World

10 Soarin' Around the World

Dieser simulierte Drachenflug über die Golden Gate Bridge, die Weinberge des Napa Valley, die Sierras und andere eindrucksvolle kalifornische Landschaften wird Ihnen noch lange in angenehmer Erinnerung bleiben.

Disneyland® Resort: Tipps

E-Ticket Pool, Disneyland Hotel

1 Spitzenzeiten

Die meisten Besucher kommen im Sommer, um Ostern und Thanksgiving sowie zwischen Weihnachten und Neujahr. Am wenigsten los ist von Januar bis März und von November bis Mitte Dezember.

2 Beste Zeit

In der Hauptsaison empfiehlt es sich, den Park werktags – am besten eine halbe Stunde vor Öffnung – aufzusuchen und die beliebtesten Attraktionen zuerst anzusteuern. Mittags und während Paraden sind die Warteschlangen kürzer.

3 Single Rider

Wer bereit ist, als Lückenfüller zu dienen, kann sich in die kürzere Schlange für Single Rider stellen. Man kann sich jedoch nicht aussuchen, neben wem man sitzt.

Boutique in Downtown Disney®

4 Kinder

In jedem Park gibt es Wickelräume und einen Kinderwagenverleih. In manchen Fahrgeschäften ist eine Mindestgröße erforderlich.

5 App

Die offizielle Disneyland-App bietet Informationen zu Öffnungszeiten und Zutrittsbeschränkungen, einen Buchungsservice für Restaurants, Hotels und Tickets sowie GPS-Navigation zu Attraktionen.

6 Souvenirs

World of Disney in Downtown Disney® hat die beste Auswahl. Wer Souvenirs spät kauft, muss sie nicht den ganzen Tag mitschleppen.

7 Disney-Hotels

Hotels im Resort sind teuer, aber praktisch. Gäste von Disney's Grand Californian Hotel & Spa *(siehe S. 149)* haben direkten Zugang zum Disney California Adventure®.

In Disney's Grand Californian Hotel & Spa

8 Kleidung

Schuhe und Kleidung sollten bequem sein. Ratsam sind ein Sonnenschutz und – auch im Sommer – eine Jacke für den Abend. Alles ist im Park erhältlich, aber teuer.

9 Hidden Mickeys

Im ganzen Park kann man versteckte Anspielungen auf die berühmte Maus entdecken.

10 FASTPASS®

Nach Einschieben des Tickets in einen Automaten vor einer Attraktion erhält man einen Beleg mit einer bestimmten Rückkehrzeit. Der Service ist gratis, es kann aber stets nur ein FASTPASS® »aktiviert« sein.

Walt Disneys Vision

Mad Tea Party in Disneyland®

Walt Disney (1901–1966), Vater von Mickey Mouse und anderen beliebten Comicfiguren, war ein Pionier in Sachen Animation. Der dynamische und erfinderische Mann wollte seine brillanten Einfälle auch außerhalb des Kinos mit Familien teilen. Als er seine eigenen Kinder beim Spielen in einem gewöhnlichen Vergnügungspark beobachtete, hatte er eine grandiose Idee: Er würde einen sauberen Ort mit Attraktionen für Jung und Alt schaffen. Schließlich erdachte Disney einen Themenpark mit fünf »Ländern«: Main Street, U.S.A., angelehnt an das Amerika des späten 19. und frühen 20. Jahrhunderts, das exotische Adventureland, Frontierland als Hommage an den Wilden Westen, das futuristische Tomorrowland und Fantasyland, inspiriert von dem Lied *When you Wish Upon a Star*. Disney erwarb 65 Hektar Land in Anaheim. Er beaufsichtigte jeden Aspekt der Planung und Konstruktion seiner Vision. Als das Magic Kingdom 1955 seine Pforten öffnete und 28 000 Besucher hineinströmten, rollten angeblich Tränen über Walt Disneys Wangen – sein Traum war Wirklichkeit geworden.

Disneyland® in Zahlen

1 750 Millionen Besucher seit der Eröffnung

2 1,1 Millionen neue Pflanzen jährlich

3 9 US-Präsidenten auf Besuch

4 4,5 Millionen Liter verkaufte Softdrinks im Jahr

5 19 000 Liter verbrauchte Farbe im Jahr

6 800 Baumarten in der ganzen Anlage

7 30 000 Angestellte (»Rollenbesetzung«)

8 4 Millionen verkaufte Hamburger jährlich

9 30 Tonnen Müll jeden Tag

10 100 000 Glühbirnen im ganzen Resort

Walt Disney macht bei der landesweit ausgestrahlten Premiere der TV-Sendung *Disneyland* seine Pläne für den Park Disneyland® bekannt.

TOP 10 Catalina Island

Die Insel liegt nur 35 Kilometer vor der Küste von Los Angeles, scheint aber Welten vom Trubel entfernt zu sein. Fähren legen in Avalon, dem Geschäftszentrum der Insel, an. Das Inselinnere ist Naturreservat und darf nur zu Fuß oder mit dem Fahrrad un mit Genehmigung erkundet werden. Bei einer Tour erfährt man viel über die Geschichte der Insel als Ziel von Seeotter-Wilderern, Schmugglern, Unionssoldaten und Bergbauspekulanten.

1 Green Pleasure Pier

Der grüne Pier ist seit 1909 das Zentrum von Avalon. Jahrelang konnten Hochseefischer hier ihren Fang offiziell wiegen lassen.

2 Lover's Cove

Schnorcheln Sie im klaren Wasser der schönen Bucht mit dem poetischen Namen, und entdecken Sie den Garibaldifisch, den Staatsfisch von Kalifornien.

3 Wrigley Memorial & Botanic Garden

Das 1935 errichtete Denkmal für William Wrigley Jr. thront über dem weitläufigen Botanischen Garten *(unten)*. Manche Pflanzenarten im Park wachsen nur auf der Insel.

4 Catalina Casino

Das für William Wrigley Jr. erbaute und im Jahr 1929 eröffnete Art-déco-Wahrzeichen diente nie als Spielcasino. Es birgt ein Kino und einen Ballsaal, aus dem früher Rundfunkkonzerte übertragen wurden. Unterwasserszenen zieren die Außenwände.

Flora & Fauna

Die Insel besitzt ein einzigartiges Ökosystem mit endemischen Pflanzen- und Tierarten wie dem Insel-Graufuchs und dem Catalina-Erdhörnchen. Die Einführung nicht einheimischer Tiere zog eine Überweidung nach sich, der die Umweltschutzbehörde nun entgegenwirken will. Ein Projekt hat bereits den kalifornischen Weißkopfseeadler zurückgebracht. Auch Pelikane, Kormorane und Möwen leben auf der Insel. In den Gewässern tummeln sich Seelöwen, Fliegende Fische, Garibaldifische und Haie.

5 Casino Point Dive Park

Das bei Tauchern beliebte Reservat war bei der Gründung 1965 der erste städtische Wasserpark Kaliforniens *(oben)*.

8 Two Harbors

Das beschauliche, bei Campern, Seglern und Wanderern beliebte Dorf auf einer Landenge 37 Kilometer westlich von Avalon ist von dort mit dem Bus oder vom Festland mit der Fähre zu erreichen.

Green Pleasure Pier & Catalina Casino

6 Nature Center at Avalon Canyon

Die interaktive Ausstellung widmet sich der Naturgeschichte und der Artenvielfalt von Catalina Island.

7 Catalina Country Club

Ab 1929 kam das Baseballteam von Wrigley Jr. zum Frühjahrstraining hierher. Das Clubhaus ist heute ein Restaurant.

9 Bisons

Mitunter begegnet man auf der Insel einer Bisonherde *(rechts)*. Die ersten 14 Tiere kamen 1924 für einen Zane-Grey-Film nach Catalina Island.

10 Catalina Museum for Art & History

Archäologische Funde, Keramiken und Fotografien aus Catalinas Zeiten als Hollywoods »Darling« beleuchten die 7000-jährige Inselgeschichte.

Infobox

Visitors Bureau: Green Pleasure Pier, Avalon ■ +1-310-510-1520 ■ www.lovecatalina.com

Wrigley Memorial & Botanic Garden: +1-310-510-2595 ■ www.catalinaconservancy.org

Nature Center at Avalon Canyon: +1-310-510-2595 ■ www.catalinaconservancy.org

Catalina Museum for Art & History: +1-310-510-2414 ■ www.catalinamuseum.org

Catalina Express: +1-800-613-1212 ■ www.catalinaexpress.com

IEX Helicopters: +1-800-228-2566 ■ www.iexhelicopters.com

Catalina Island Company: +1-310-510-2000 ■ www.visitcatalinaisland.com

Catalina Adventure Tours: +1-877-510-2888 ■ www.catalinaadventuretours.com

■ Die Restaurants Lobster Trap und Steve's Steakhouse & Seafood sind zu empfehlen.

■ Gehen Sie schwimmen, schnorcheln, Kajak fahren, oder machen Sie eine Tour mit dem Glasbodenboot.

■ Übernachten Sie hier: Genießen Sie die Insel abends ohne Tagesausflügler.

Themen

Rettungsschwimmerturm am Venice Beach

TOP 10 Historische Ereignisse

1 Vor 1780: Erste Siedler

Für mindestens 10 000 Jahre, bevor die ersten Europäer in dieses Gebiet kamen, bevölkerten Dörfer von mehr als einem Dutzend verschiedener indigener Gruppen das Land. Nachfahren der Cahuilla, Cupeño, Luiseño und Serrano leben noch heute in und um die Stadt Los Angeles.

2 1781: Gründung von L.A.

Auf Geheiß des spanischen Königs Karl III. gründete Felipe de Neve, Gouverneur von Kalifornien, am 4. September 1781 eine Siedlung in einem Flusstal. Sie erhielt von ihm den Namen »El Pueblo de la Reina de Los Angeles« (»Dorf der Königin der Engel«).

3 1850: L.A. wird Stadt

Nach dem Mexikanisch-Amerikanischen Krieg (1846 – 48) wurde Los Angeles am 4. April 1850 Teil der USA, fünf Monate bevor Kalifornien der 31. Bundesstaat wurde. Zu jener Zeit fehlte es dem Ort mit 1600 Einwohnern an Grundlegendem wie planierten Straßen und Straßenlaternen.

4 1911: Anfänge der Filmindustrie

Die britischen Einwanderer David und William Horsely gründeten in einer Taverne an der Ecke Sunset Boulevard und Gower Street mit der Nestor Film Company das erste Filmstudio von Hollywood. Innerhalb eines Jahrzehnts entwickelte sich das Viertel zur Hauptstadt des internationalen Films. In den 1930er und 1940er Jahren erlebte Hollywood sein »Goldenes Zeitalter«.

L.A.s Aquädukt in der Wüste

5 1913: Einweihung des Aquädukts

»There it is! Take it!« (»Da ist es! Nehmt es euch!«) – so soll William Mulholland, Erbauer des weltweit längsten Aquädukts, am 5. November 1913 das erste Wasser begrüßt haben, das L.A. aus dem 400 Kilometer nördlich gelegenen Owens Valley erreichte. Bis heute liefert der Aquädukt etwa 75 Prozent des Wasserbedarfs der Stadt, die zum Teil subtropisches Wüstenklima hat.

Donald Douglas mit seinem Partner David Davis

6 1920er Jahre: Anfänge der Luftfahrtindustrie

Mit nur rund 1000 Dollar und einem großen Traum begann der 28-jährige Donald Douglas im Hinterzimmer eines Friseurladens damit, Flugzeuge zu entwerfen. Ein Jahr später verhalf das erste Cloudser-Frachtflugzeug seiner Douglas ircraft Company zum Durchbruch: ie wurde einer der führenden Hersteller ziviler Flugzeuge.

7 1965: Watts Riots

Die Verhaftung eines jungen chwarzen durch weiße Polizisten wegen Verdachts auf Trunkenheit m Steuer löste am 11. August 1965 echstägige Unruhen aus. Es gab 4 Tote, 1000 Verletzte und Schäden n Höhe von 40 Millionen Dollar.

8 1968: Attentat auf Robert F. Kennedy

m 5. Juni 1968 wurde der Präsidentschaftskandidat Robert F. Kenedy Minuten nach seiner Rede anässlich des Siegs bei den Vorwahlen n Kalifornien von dem Attentäter irhan Sirhan niedergeschossen.

9 1992: L.A. Riots

Trotz Videobeleg wurden am 9. April vier weiße Polizisten vom orwurf freigesprochen, den Afromerikaner Rodney King misshanelt zu haben. Es folgten sechs Tage ang Unruhen mit 63 Toten und mehr ls 2300 Verletzten.

aus nach dem Northridge-Erdbeben

10 1994: Northridge-Erdbeben

in Erdbeben der Stärke 6,7 rüttelte m 17. Januar 1994 Millionen Menchen wach. Es gab mindestens 7 Tote und 6500 Verletzte. Wasser-, trom- und Gasleitungen wurden erstört, viele Straßen und Häuser eschädigt.

Berühmte Angelenos

Charlotta Spears Bass

1 Felipe de Neve (1728–1784)
Der spanische Gouverneur gründete 1781 Los Angeles.

2 Stephen Watts Kearny (1794–1848)
Der General half bei der Befreiung Los Angeles' von der mexikanischen Armee.

3 Phineas Banning (1830–1885)
Der »Vater von Los Angeles' Hafen« baute 1869 auch Südkaliforniens erste Eisenbahn.

4 William Mulholland (1855–1935)
Mulholland war Leiter der städtischen Wasserversorgung.

5 George Freeth (1883–1919)
Der hawaiianisch-irische Sportler führte Anfang des 20. Jahrhunderts in Südkalifornien das Surfen ein.

6 Harrison Gray Otis (1837–1917)
Der Stadtförderer Otis war drei Jahrzehnte lang Herausgeber der *Los Angeles Times*.

7 Charlotta Spears Bass (1874–1969)
Die Eigentümerin der afroamerikanischen Zeitung *California Eagle* war 1952 die erste Schwarze, die für das Amt des Vizepräsidenten der Vereinigten Staaten nominiert wurde.

8 Mary Pickford (1892–1979)
Die Schauspielerin war Mitbegründerin des Filmstudios United Artists.

9 Dorothy Chandler (1901–1997)
Chandler sammelte Spenden zur Rettung der Hollywood Bowl und zur Gründung des Los Angeles Music Center.

10 Tom Bradley (1917–1998)
Los Angeles' erster afroamerikanischer Bürgermeister regierte fünf Amtsperioden lang.

TOP 10 Eindrucksvolle Bauwerke

1 Getty Center

Die Architektur des Getty Center ist ebenso beeindruckend wie die ausgestellten Kunstwerke. Der Architekt Richard Meier schuf ein elegantes und stilvolles Gebäude mit einladender Atmosphäre *(siehe S. 16–19)*.

2 Walt Disney Concert Hall

Das von Frank Gehry gestaltete Gebäude besitzt eine glänzende, geschwungene Fassade. Das Stammhaus des Los Angeles Philharmonic Orchestra bietet mehr als 2000 Besuchern Platz. Der Komplex birgt neben dem Konzertsaal weitläufige Foyers mit zahlreichen Nebenräumen *(siehe S. 64 & S. 78)*.

3 Schindler House

Karte M4 ▪ 835 N Kings Rd, West Hollywood ▪ +1-323-651-1510 ▪ Mi–So 11–17 Uhr ▪ Eintritt ▪ www.makcenter.org

Das ehemalige Privathaus und Atelier des in Wien geborenen Architekten Rudolf Schindler (1887–1953) ist ein moderner Klassiker. Das 1922 errichtete Gebäude mit Flachdach, offenem Grundriss, viel Glas und auf den Innenhof hinausgehenden Räumen beeinflusste die kalifornische Architektur maßgeblich. Das hier ansässige MAK Center for Art and Architecture veranstaltet Führungen, Ausstellungen und Vorträge.

4 Theme Building, Los Angeles International Airport

Karte C3

1961 landete scheinbar eine fliegende Untertasse auf dem Flughafen von L.A. Das Design sollte als Versprechen auf eine hoffnungsvolle Zukunft gelten. Die Architekten ließen sich von Südkaliforniens Googie-Stil inspirieren, der seinerzeit von Autos, Düsenjets und der Raumfahrt beeinflusst war. Seit 2018 ist hier die Bob Hope USO für Militärangehörige untergebracht.

Walt Disne Concert Ha

Atrium des Bradbury Building

5 Bradbury Building

Karte V5

Der lichtdurchflutete Bürobau (1893) mit Käfigfahrstühlen, schmiedeeisernem Dekor und Marmorböden zählt zu den größten Wahrzeichen der Stadt. Architekt George Wyman soll den Auftrag erst nach Konsultation eines Ouija-Bretts angenommen haben. Das Gebäude war in *Blade Runner* und *Chinatown* zu sehen.

6 Chiat/Day Building

Karte B5 ■ 340 Main St, Venice ■ für die Öffentlichkeit geschl.

Das Gebäude, von der Werbeagentur Chiat/Day 1991 als Firmensitz an der Westküste in Auftrag gegeben, verdeutlicht Frank Gehrys skulpturalen Stil. Im Zentrum steht ein drei Stockwerke hohes Fernglas von Claes Oldenburg und Coosje van Bruggen. Die rostfarbenen Säulen auf der rechten Seite erinnern an entwurzelte Bäume.

7 Gamble House

Der Bungalow im Craftsman-Stil in Pasadena markiert den Zenit der Karriere von Charles und Henry Greene. Der 1908 errichtete Ruhesitz von David und Mary Gamble (von Procter & Gamble) hat einen schönen Garten, große Terrassen und offene Veranden *(siehe S. 95)*.

8 Chemosphere

Karte D2 ■ 776 Torreyson Dr, Hollywood Hills ■ für die Öffentlichkeit geschl.

Das einzigartige Privathaus in den Hollywood Hills ist ein hervorragendes Beispiel für John Lautners kühnen, experimentellen Architekturstil. Es gleicht einer fliegenden Untertasse auf einer Betonsäule. Das Bauwerk entstand im Jahr 1960, als Präsident John F. Kennedy die bemannte Raumfahrt zum Mond ankündigte. Das Gebäude ist in Brian de Palmas Film *Body Double* von 1984 zu sehen.

9 Hollyhock House

Das von Frank Lloyd Wright erbaute Hollyhock House (1921) war die erste Auftragsarbeit des Architekten in Los Angeles. Die Avantgarde-Architektur des Bauwerks im Barnsdall Art Park ist an das milde kalifornische Klima angepasst. Wright schuf mit Patios, Veranden und Dachterrassen nahtlose Übergänge zwischen Innen und Außen *(siehe S. 101)*.

Eingang des Hollyhock House

10 Cathedral of Our Lady of the Angels

Die Kathedrale von Los Angeles wurde von José Rafael Moneo entworfen. Sie besitzt eine festungsähnliche Fassade. Dahinter wirkt der minimalistisch gestaltete Innenraum wegen fehlender rechter Winkel und Stützpfeiler sehr luftig. Auf den Wandbehängen im Kirchenschiff sind Dutzende von Heiligen abgebildet *(siehe S. 78)*.

TOP 10 Strände

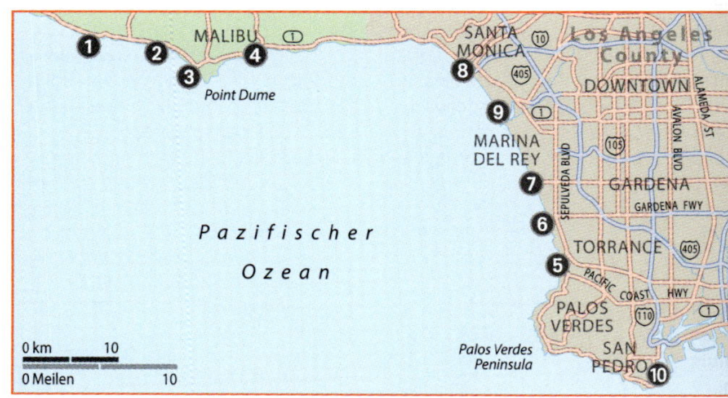

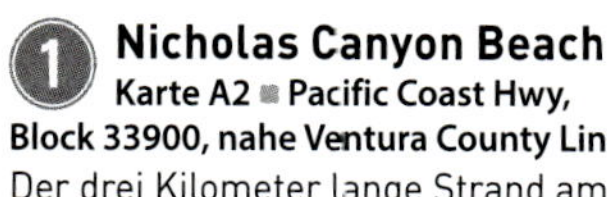

1 Nicholas Canyon Beach

Karte A2 ■ Pacific Coast Hwy, Block 33900, nahe Ventura County Line

Der drei Kilometer lange Strand am Fuß einer Klippe ist aufgrund seiner Entfernung von der Stadt ruhiger als andere Strände von Malibu. Er ist deshalb ideal für Badegäste, die in aller Ruhe sonnenbaden möchten.

Felsen am El Matador Beach

2 El Matador Beach

Karte A2 ■ Pacific Coast Hwy, Block 32900, Malibu

Der raue kleine Strand mit verwitterten Felsen ist einer der schönsten der Stadt. Da er abseits liegt, kaum Parkplätze bietet und nur über einen Kiesweg erreichbar ist, kommen nur wenige Badegäste hierher. Es gibt keine Einrichtungen, dafür aber Gezeitenbecken und Höhlen. Nacktbaden ist in L.A. County verboten, kommt hier aber manchmal vor.

3 Zuma Beach

Karte A2 ■ Pacific Coast Hwy, Block 30000, Malibu

Der drei Kilometer lange Streifen mit feinem Sand zählt zu den beliebtesten Stränden von Los Angeles. Schwimmer und Bodysurfer schätzen das klare Wasser und die mittelhohen Wellen. Im Sommer besuchen viele Familien den Strand. An ruhigen Werktagen eignet sich Zuma Beach hervorragend für Picknicks und Strandspaziergänge.

4 Malibu Lagoon State / Surfrider Beach

Karte A2 ■ Pacific Coast Hwy, Block 23200, Malibu

Der Strand zwischen Malibu Pier und dem Prominentenviertel Malibu Colony bietet viele Unterhaltungsmöglichkeiten. Am Surfrider Beach sind wagemutige Wellenreiter zu beobachten. Die Lagune suchen Zugvögel auf. Das nahe gelegene Adamson House mit idyllischem Garten bietet Blick auf Malibu Pier und Malibu Lagoon *(siehe S. 121)*.

5 Redondo Beach

Karte D4

Der hufeisenförmige Pier mit Shops Arkaden und Imbissständen ist ein beliebter Treffpunkt. Man kann Paddleboards, Kajaks und Fahrräder leihen. Ein Stück landeinwärts gibt es Boutiquen und Kunstgalerien.

6 Hermosa Beach

Karte C3 ▪ Pier Ave

er Ort liegt südlich von Manhattan each an der South Bay *(siehe . 123)*. Wo die Pier Avenue auf den trand trifft, finden sich viele Restaurants und Bars. Am Strand wird ern Beachvolleyball gespielt, das anze Jahr über finden Turniere tatt. Zwischen dem Strand und den Vohnhäusern verläuft der South Bay icycle Trail, der von Marina del Rey ach Palos Verdes führt.

7 Manhattan Beach

Karte C3 ▪ westl. der ighland Ave

ie Beach Boys, die in dem eleganen, aber legeren Küstenort aufgeachsen sind, inspirierten der weiße and und die Wellen zu ihrem unverleichlichen Surf Sound. Noch heute onkurrieren hier Surfer um den perfekten Wellenritt«, vor allem am 1anhattan Pier, an dem es auch ein quarium gibt.

8 Santa Monica Beach

Karte A4 ▪ Pacific Coast Hwy, anta Monica

er leicht zugängliche Strand ist ehr belebt. Familien lockt der Santa 1onica Pier *(siehe S. 59 & S. 121)* mit em Vergnügungspark und dem lten Karussell. Bewegungshungrie können auf einem geteerten Weg ad fahren oder skaten. Die Strecke ihrt am Muscle Beach vorbei, wo in en 1930er Jahren der südkalifornische Fitnessboom ausgelöst wurde.

Ocean Front Walk, Venice Beach

9 Venice Beach

Karte A6 ▪ Ocean Front Walk zwischen Venice Blvd & Rose Ave

Das 1925 als Badeort gegründete Venice Beach verschmolz bald mit Los Angeles und wurde zu einem der facettenreichsten Stadtviertel. Hier herrscht eine ausgeprägte Alternativkultur mit trendigen Boutiquen und Restaurants. An den Kanälen und am Strand kann man wunderbar Leute beobachten *(siehe S. 122)*.

10 Cabrillo Beach

Karte D5 ▪ Stephen M. White Dr, San Pedro

Vor dem Strand bei den Wellenbrechern des Los Angeles Harbor tummeln sich zahllose Windsurfer. Das Cabrillo Marine Aquarium liegt ganz in der Nähe.

Santa Monica Pier & Beach

TOP 10 Parks & Gärten

1 Huntington Library, Art Collections & Botanical Gardens

Das Anwesen ist eine perfekte Synthese aus Natur und Kultur und birgt unbezahlbare Gemälde und Manuskripte, die der Eisenbahnmagnat Henry E. Huntington und seine Frau Arabella um 1900 zusammentrugen *(siehe S. 28–31)*.

Brunnen am Greystone Mansion

2 Greystone Mansion & Park

Karte J3 ▪ 905 Loma Vista Dr, Beverly Hills ▪ +1-310-285-6830 ▪ Villa: nur zu Veranstaltungen; Park: tägl. 10–17 Uhr (wenn nicht anderweitig gebucht) ▪ www.greystonemansion.org

Der Park mit herrlichem Blick auf Beverly Hills ist bei Brautpaaren und Besuchern, die die Abgeschiedenheit suchen, beliebt. Herzstück ist die Villa mit 55 Zimmern, die der Ölmagnat Edward Doheny als Hochzeitsgeschenk für seinen Sohn Ned bauen ließ. Das Anwesen diente u.a. bei *Air Force One* als Filmkulisse.

3 Griffith Park

Der große Stadtpark bietet Wander- und Reitwege, Museen, Unterhaltungsangebote für Kinder und das berühmte Griffith Observatory *(siehe S. 34f)*.

4 Virginia Robinson Gardens

Karte J4 ▪ 1008 Elden Way ▪ +1-310-550-2065 ▪ Führungen (nach tel. Anmeldung): Mo–Fr 10.30 Uhr & 11 Uhr (an manchen Tagen auch 13.30 Uhr) ▪ Eintritt ▪ www.robinsongardens.org

Das 1911 erbaute Anwesen der Kaufhauserbin Virginia Robinson zählt zu den ältesten in Beverly Hills. Die Gartenwege werden von Statuen und Springbrunnen, hohen Palmen und blühenden Kamelien gesäumt.

5 Exposition Park Rose Garden

Karte D2 ▪ 701 State Dr ▪ Mitte März–Dez: tägl. 9 Uhr bis Sonnenuntergang ▪ www.laparks.org/park/exposition-rose-garden

Im hübschen Rosengarten von 1928 blühen von März bis November etwa 15 000 Rosenbüsche. Hier kann man herrlich picknicken oder zwischen Museumsbesuchen entspannen.

6 Wrigley Mansion & Gardens

Das Winterdomizil von William Wrigley Jr., dem Gründer der berühmten Kaugummifirma, mit dem wunderbaren Rosengarten ist heute Sitz der Pasadena Tournament of Roses Association *(siehe S. 92)*.

Windmühle am Self-Realization Fellowship Lake Shrine

7 Self-Realization Fellowship Lake Shrine

Karte C2 ▪ 17190 Sunset Blvd ▪ +1-310-454-4114 ▪ Di–Sa 9–16.30 Uhr, So 12–16.30 Uhr ▪ www.lakeshrine.org

Das Heiligtum wurde 1950 von dem indischen Guru Paramahansa Yogananda angelegt. Besucher können einen Schrein für Mahatma Gandhi besichtigen, zum See spazieren, im Nachbau einer Windmühle aus dem 16. Jahrhundert meditieren und den Court of Religions studieren, der alle Weltreligionen ehrt.

8 Franklin D. Murphy Sculpture Garden

Karte C2 ▪ UCLA-Campus, Westwood ▪ tägl. ▪ https://hammer.ucla.edu/collections/franklin-d-murphy-sculpture-garden

Die kleine Oase in der nordöstlichen Ecke des UCLA-Campus zieren 70 Skulpturen von einigen der größten europäischen und US-amerikanischen Künstler des 19. und 20. Jahrhunderts, darunter Auguste Rodin und Alexander Calder.

9 Runyon Canyon Park

Karte N1 ▪ Ende Fuller St, nahe Franklin Ave ▪ +1-323-666-5046 ▪ tägl. Sonnenaufgang bis Sonnenuntergang (bei Dunkelheit meiden)

Der kleine Stadtpark nahe dem Walk of Fame bietet Wanderwege und viel Historie: Die Ruinen beim Eingang an der Fuller Street stammen von einem Haus, das der Opernstar John McCormack 1930 erbauen ließ; Errol Flynn bewohnte Ende der 1950er Jahre eines der Poolhäuser.

10 Palisades Park

Karte A3 ▪ Ocean Ave zwischen Santa Monica Pier & San Vicente Blvd ▪ tägl.

Der für wogende Palmen und die grandiose Sicht von der Steilküste über die Santa Monica Bay berühmte Park ist bei Jung und Alt, Einheimischen und Besuchern, Familien und Pärchen beliebt. Besonders schön ist er bei Sonnenuntergang. Grünflächen und Bänke laden zum Picknicken und Leutebeobachten ein. Eine nostalgische Kuriosität ist die Camera obscura in einem Seniorenheim (1450 Ocean Avenue).

Palisades Park

TOP 10 Unbekanntes Los Angeles

1 Echo Park Time Travel Mart

Karte D2 ▪ 1714 Sunset Blvd, Echo Park ▪ +1-213-413-3388 ▪ www.timetravelmart.com

Der Laden verkauft skurrile Artikel wie Dinosauriereier, Robotermilch und Retrowecker. Er wurde von der gemeinnützigen Organisation 826LA gegründet. Sie unterstützt junge Schriftsteller aus Los Angeles, u. a. mit kreativen Workshops. Alle Erlöse kommen den Studenten zugute. Im Laden sind auch deren veröffentlichte Werke erhältlich.

2 Museum of Latin American Art

Karte E4 ▪ 628 Alamitos Ave, Long Beach ▪ +1-562-437-1689 ▪ Mi–So 11–17 Uhr ▪ Eintritt (unter 12 Jahren frei) ▪ www.molaa.org

Das peppige Museum steht im East Village Arts District, einem aufstrebenden Viertel in Long Beach. Es ist das einzige Museum im Westen der USA, das sich modernen und zeitgenössischen Arbeiten lateinamerikanischer Künstler widmet. Es gibt eine Dauerausstellung mit rund 1500 Werken, Wanderausstellungen und einen Skulpturengarten.

Museum of Latin American Art

Büchertunnel, The Last Bookstore

3 The Last Bookstore

Karte V5 ▪ 453 Spring St ▪ +1-213-488-0599 ▪ tägl. 11–20 Uhr ▪ www.lastbookstorela.com

Dies ist nicht einfach nur eine weitere Buchhandlung. In dieser ehemaligen Bank in Downtown betritt man eine Welt, die sich der Liebe zum Lesen und dem Buch als Kunstform verschrieben hat. Hier trifft man auf etwa 250 000 Titel, außerdem kann man durch einen Büchertunnel laufen oder nebenan die Kunstgalerien besichtigen.

4 Watts Towers

Karte E3 ▪ 1727 E 107th St, Watts ▪ +1-213-847-4646 ▪ www.wattstowers.org

Die drei mit Fliesen, Glas, Keramik, Muscheln und anderen Materialien in Regenbogenfarben verzierten Spitztürme sind ein Meisterwerk skurriler Architektur. Der italienische Einwanderer Simon Rodia vollendete sein Werk 1954 – nach 33 Jahren. Leider ist die Kriminalität in diesem Viertel hoch.

5 Kunst in der Metro

https://art.metro.net

In vielen U-Bahnhöfen von Los Angeles kann man Wandbilder, Skulpturen, Fotografien und andere Kunstwerke mit Bezug zum jeweiligen Viertel um die Station bewundern. Die preisgekrönten Installationen repräsentieren die Arbeit von rund 100 verschiedenen Künstlern.

Vorhergehende Doppelseite Venice Beach aus der Vogelperspektive

6 Los Angeles Maritime luseum

{arte D4 ■ Berth 84, am :nde der 6th St, San Pedro ■ +1-310-548-7618 ■ Mi–So 2–17 Uhr ■ Spende ■ www. amaritimemuseum.org

)ie Seefahrtsgeschichte 'on Los Angeles wird hier ıreifbar. Ein Highlight ist lie USS *Los Angeles*, ein ;chwerer Kreuzer, der in :hina und im Koreakrieg m Einsatz war. Daneben iegt das Schlachtschiff USS *Iowa*, las Franklin D. Roosevelt im Zwei- en Weltkrieg über den Atlantik zu :inem Treffen mit Winston Churchill)rachte.

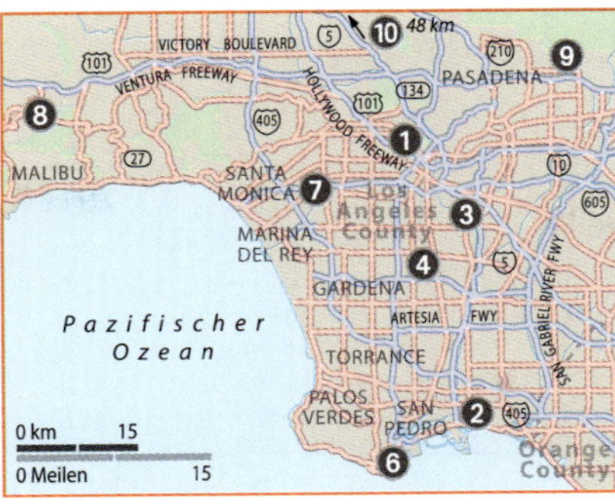

7 Museum of Jurassic Technology

{arte D2 ■ 9341 Venice Blvd, Culver :ity ■ +1-310-836-6131 ■ Do–So (nur ıach Voranmeldung) ■ Eintritt (unter 12 Jahren frei) ■ www.mjt.org

)ie Türen des bizarren Museums ·ühren in eine Art Paralleluniver- ;um, wo Banales zum Außerge- vöhnlichen wird. Die Ausstellungen, :twa über Stinkameisen aus Kame- ·un, sind eine Hommage an die na- urwissenschaftlichen Museen des 19. Jahrhunderts.

8 Paramount Ranch

Karte A1 ■ 2903 Cornell Rd, Agoura Hills ■ +1-805-370-2301 ■ www.nps.gov

Die Berge um Los Angeles dienen seit den 1920er Jahren als natür- liche Kulisse in Western, in denen auch oft die alten Bauten der Para- mount Ranch zu sehen sind. Wenn nicht gerade gedreht wird, kann man die Ranch besichtigen. In unmittelbarer Nachbarschaft verlaufen die Wan- derwege der Santa Monica Moun- tains National Recreation Area.

9 Sierra Madre

Karte F1

Östlich von Pasadena liegt mit Sierra Madre eine Stadt, wie man sie im Umland von Los Angeles nicht ver- muten mag. Viele Künstler sind aus L.A. hierhergezogen. Im Stadtzen- trum haben sich Boutiquen und Cafés angesiedelt. In den Wohnvier- teln stehen noch einige Craftsman-Häuser im Originalzustand. Im März steigt das beliebte Wisteria Festival.

10 Vasquez Rocks

10700 Escondido Canyon Rd, Agua Dulce ■ +1-661-268-0840 ■ https://parks.lacounty.gov

In dem wegen seiner Geschichte als Siedlungsgebiet amerikanischer Ur- einwohner im National Register of Historic Places verzeichneten Park wurden wegen seiner bizarren Fels- formationen mehr als 100 Kino- und TV-Filme gedreht – von *Star Trek* bis *Flintstones – Die Familie Feuerstein*. Tragen Sie Wanderstiefel, und pa- cken Sie etwas für ein Picknick ein.

Vasquez Rocks

TOP 10 Kinder

1 California Science Center

Das Museum im Exposition Park bietet Wissenschaft und Technik mit Spaß. Es gibt künstliche Erdbeben, Kinder können ein Auto designen und das Innenleben des 15-Meter-Roboters Tess bestaunen. Die Air and Space Gallery nebenan widmet sich dem Fliegen und der Weltraumforschung *(siehe S. 70 & S. 86)*.

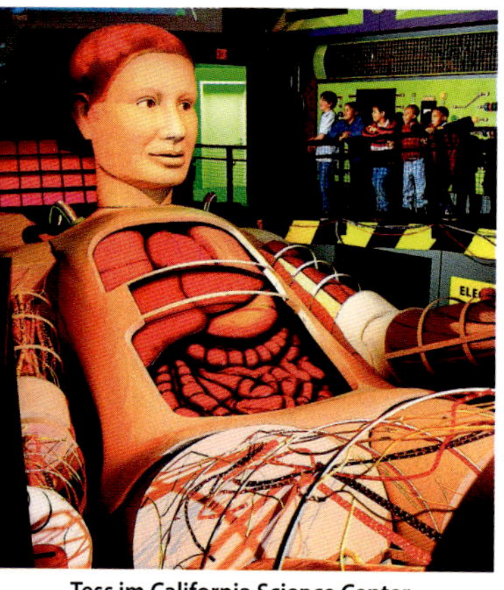

Tess im California Science Center

2 Universal Studios Hollywood℠

Der Themenpark beim größten Filmstudio der Welt ist L.A.s bedeutendste Besucherattraktion – mit aufregenden Fahrgeschäften und Stuntshows sowie Begegnungen mit Spider-Man, King Kong und anderen Filmfiguren. Eine Tramtour führt hinter die Kulissen und zu berühmten Filmsets *(siehe S. 32f)*.

3 Natural History Museum

Das Museum zollt dem gesamten Tierreich Tribut, darunter ausgestorbenen Arten wie den stets beliebten Dinosauriern. Speziell auf Kinder zugeschnitten sind das Discovery Center mit Marionetten, Märchenbüchern und Fossilien sowie der Insektenzoo *(siehe S. 85)*.

4 Cabrillo Marine Aquarium

Karte D5 ■ 3720 Stephen M. White Drive, San Pedro ■ +1-310-548-7562 ■ Mi–So 12–17 Uhr ■ Spende ■ www.cabrillomarineaquarium.org

Das kleine Aquarium erläutert das Meeresleben vor der südkalifornischen Küste. Die spielerischen, doch lehrreichen Ausstellungen sind für Kinder ideal. Es gibt auch Führungen durch die Gezeitenbecken, Meereslabor-Workshops und »Übernachtungen mit den Fischen«, bei denen Kinder unter Aufsicht vor dem Aquarium zelten dürfen.

5 Aquarium of the Pacific

Karte E4 ■ 100 Aquarium Way, Long Beach ■ +1-562-590-3100 ■ tägl. 9–18 Uhr (nur mit Onlinereservierung) ■ Eintritt ■ www.aquariumofpacific.org

In diesem Aquarium tauchen die Besucher virtuell durch drei Pazifikregionen: zu den Kelpwäldern von Südkalifornien, zur stürmischen Küste des Nordpazifiks und zu tropischen Korallenriffen. Laminierte »Tauchkarten« helfen, die Tiere zu identifizieren.

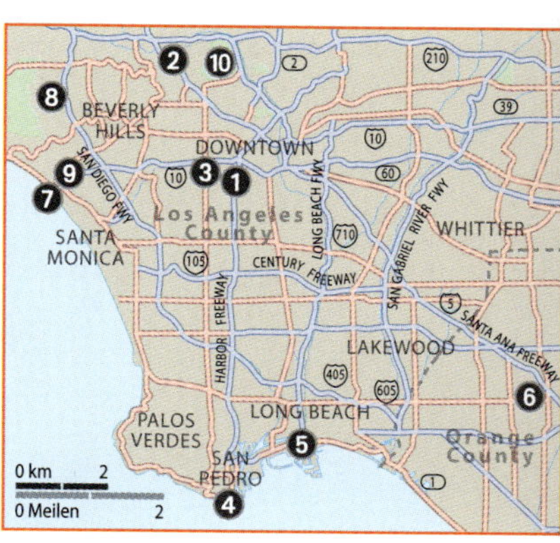

Pacific Park® am Santa Monica Pier

6 Disneyland® Resort

Sechs Jahrzehnte nach der Eröffnung des Parks steht ein Besuch im »Magic Kingdom« noch immer ganz oben auf der Wunschliste der meisten Kinder. Ein ein-, zwei- oder dreitägiger Aufenthalt garantiert Spaß und Aufregung – vor allem seit mit Disney California Adventure® ein zweiter Themenpark und mit Downtown Disney® ein ganzer Unterhaltungskomplex hinzugefügt wurden *(siehe S. 36–41)*.

7 Santa Monica Pier

Besucher des Piers können mit dem Riesenrad fahren, die Fischer beim Abladen ihres Tagesfangs beobachten und viele weitere Attraktionen genießen. Kaliforniens ältester Vergnügungspark zieht jährlich über drei Millionen Besucher an. Im Sommer sind donnerstagabends kostenlose Konzerte zu hören *(siehe S. 121)*.

8 Family Room im Getty Center

Fünf »Entdeckerhöhlen« rücken jeweils eine Kunstform – von Bildhauerei bis Fotografie – in den Fokus. Kinder dürfen eine illuminierte Handschrift verzieren, aus Röhren eine Skulptur erschaffen oder eine Maske erstellen. Bei einer Schatzsuche erfährt man Details über Kunstwerke des Museums *(siehe S. 16–19)*.

9 Cayton Children's Museum by ShareWell

Karte K6 ▪ 395 Santa Monica Place ▪ +1-424-416-8320 ▪ Mi–So 10–17 Uhr ▪ Eintritt ▪ www.caytonmuseum.org

Das Museum in der Shoppingmall Santa Monica Place setzt auf die Kraft des Spiels, um das Leben von Kindern und ihren Familien zu bereichern, z. B. im aus vielen bunten Seilen gestalteten Courage Climber oder im mit schnurgebundenen Telefonen ausgestatteten Hello Booth.

10 Los Angeles Zoo

Karte D1 ▪ 5333 Zoo Drive ▪ +1-323-644-4200 ▪ tägl. 10–17 Uhr ▪ 25. Dez geschl. ▪ Eintritt (unter 2 Jahren frei) ▪ www.lazoo.org

Kinder lieben die Sektion Elephants of Asia und den Winnick Family Children's Zoo. In Muriel's Ranch kann man Tiere streicheln, in der Pflegestation sind Tierbabys zu sehen. Das Adventure Theater bietet Geschichtenerzähler und Spiele.

Warteschlange vor dem Los Angeles Zoo

TOP 10 Film & Fernsehen

DC Universe: The Exhibit, Teil der Warner Bros. Studio Tour

1 Warner Bros. Studio Tour

Karte D1 ■ 3400 W Riverside, Burbank ■ +1-818-977-8687 ■ Eintritt ■ www.wbstudiotour.com

Die dreistündige Tour bietet Einblick in Geschichte und Alltag des großen Filmstudios. Auf den einführenden Film folgt der Besuch von Museum und Außensets. Die Route hängt von den aktuellen Produktionen ab.

2 Sony Pictures Studio Tour

Karte D2 ■ 10202 W Washington Blvd, Culver City ■ +1-310-244-8687 ■ Mo–Fr (Zeiten tel. erfragen, Reservierung erforderlich) ■ Eintritt (ab 12 Jahren) ■ www.sonypicturesstudiostours.com

Das Areal, einst Heimat der MGM-Studios, wo u. a. *Der Zauberer von Oz* entstand, gehört seit 1990 Sony. Die zweistündige Tour führt auch zum Set der Gameshow *Jeopardy!*.

Kulisse im Sony Pictures Studio

3 Larry Edmunds Bookshop

Karte P2 ■ 6644 Hollywood Blvd ■ +1-323-463-3273 ■ www.larryedmunds.com

Der berühmte Laden führt Bücher über Filmgeschichte, Animation und Schauspielerei, aber auch alte Filmplakate, Fotos und Drehbücher.

4 American Cinematheque

www.americancinematheque.com

Die Gesellschaft lädt Schauspieler und Regisseure zu Filmen und Debatten in das Egyptian Theatre *(siehe S. 13 & S. 62)* ein. Das Programm reicht von Retrospektiven bis zu Hommagen an große Filmemacher.

5 It's a Wrap!

Karte D1 ■ 3315 W Magnolia Blvd, Burbank ■ +1-818-567-7366 ■ www.itsawraphollywood.com

Der Laden verkauft Kostüme und Requisiten fertig gedrehter Filme. Etiketten weisen auf die jeweilige Herkunft hin.

6 TMZ Celebrity Tour

Karte P2 ■ 6925 Hollywood Blvd ■ +1-844-869-8687 ■ Zeiten siehe Website ■ Eintritt ■ www.tmz.com/tour

Die zweistündige Tour im offenen Bus führt dorthin, wo die Promis sind. Die Reisebegleiter haben ein Händchen dafür, Stars aufzuspüren.

7 Hollywood Mega Store

Karte D2 ■ 940 W Washington Blvd ■ +1-213-747-9239 ■ Mo–Do 9–16 Uhr, Fr 9–14 Uhr ■ www.hollywoodmegastore.com

In diesem riesigen Kaufhaus finden Sie Tausende von Artikeln rund um den Film, darunter Mitbringsel, Originalposter und -fotografien, Partyartikel sowie von Disney, Warner Bros. und Universal Studios lizenzierte Produkte.

Paramount Pictures Studio Tour

Karte R4 ■ 5515 Melrose Ave ■ +1-323-956-1777 ■ Eintritt ■ www.paramountstudiotour.com

Die zweistündige Tour lässt Besucher (ab 10 Jahren) hinter die Kulissen des Filmstudios blicken. Der Eintritt ist nur mit Reservierung möglich.

Eingang zu Paramount Pictures

9 Margaret Herrick Library

Karte L6 ■ 333 S La Cienega Blvd, Beverly Hills ■ +1-310-247-3020 ■ Mo, Do & Fr 10–18 Uhr, Di 10–20 Uhr ■ Eintritt frei (Ausweis erforderlich) ■ www.oscars.org/library

Die Academy of Motion Picture Arts and Sciences unterhält die umfangreiche Sammlung an Publikationen über Filme.

On-Camera Audiences

www.on-camera-audiences.com

Bei der Aufzeichnung von Gameshows kann man Stars kostenlos live erleben. On-Camera Audiences wird direkt von Fernsehproduktionsfirmen beauftragt und wickelt für sie die Ticketvergabe ab.

Berühmte Drehorte

Farbenfrohes Bradbury Building

1 Bradbury Building
Die markante Architektur dieses Gebäudes ist bekannt aus Spielfilmen wie *Blade Runner* (1982) und *(500) Days of Summer* (2009).

2 Griffith Park Observatory
Das zeitlose Gebäude war u. a. in *… denn sie wissen nicht, was sie tun* (1955) und *La La Land* (2016) zu sehen.

3 Rodeo Drive
Julia Roberts machte in *Pretty Woman* (1990) in dieser luxuriösen Straße eine Shoppingtour.

4 Chinatown
Roman Polanski drehte hier den oscarprämierten Film *Chinatown* (1974).

5 Occidental College
Fans des Films *Clueless - Was sonst!* von 1995 werden diesen Campus vielleicht als Chers Schule wiedererkennen. Ein Großteil des Films wurde auch in und um Beverly Hills gedreht.

6 Fox Plaza
Das hoch aufragende Bürogebäude war 1988 Schauplatz des Actionklassikers *Stirb langsam*.

7 Millennium Biltmore Hotel
Szenen aus *Ghostbusters* (1984), *Pretty in Pink* (1986) und *Beverly Hills Cop* (1984) wurden in diesem Hotel gedreht.

8 Point Dume State Beach
Die berühmte Schlussszene von *Planet der Affen* (1968) entstand an diesem malerischen Strand.

9 Vasquez Rocks
Trekkies werden mit der spektakulären Landschaft vertraut sein. Sie diente in zahlreichen *Star-Trek*-Filmen als Kulisse.

10 Bob's Big Boy
Das beliebte Diner ist in dem Actionkrimi *Heat* von 1995 zu sehen.

TOP 10 Kinos

1 Pacific Theatres at The Grove

Karte N5 ■ 189 The Grove Drive, Midtown ■ +1-323-615-2202 ■ www.pacifictheatres.com/grove

Das Art-déco-Gebäude mit 14 hochmodernen Kinosälen erinnert an das »Goldene Zeitalter« von Los Angeles.

Pacific Theatres at The Grove

2 New Beverly Cinema

Karte P5 ■ 7165 Beverly Blvd ■ +1-323-938-4038 ■ www.thenewbev.com

In diesem historischen Kino zeigt Eigentümer Quentin Tarantino 35- und 16-Millimeter-Filme, meist aus seiner Privatsammlung. 2018 wurde umfassend modernisiert.

3 Cinemark 18 & XD

Karte D3 ■ 6081 Center Dr, am Fwy 405 ■ +1-310-568-3375 ■ www.cinemark.com

Das hochmoderne Kino wird mit gutem Grund auch »Cinema de Lux« genannt. Hier kann man in großen, luxuriösen Ledersesseln aktuelle Filme genießen.

4 ArcLight Cinemas & Cinerama Dome

Karte Q3 ■ 6360 W Sunset Blvd ■ +1-323-464-4226 ■ www.arclightcinemas.com

Das exquisite Kino mit 15 Leinwänden ist der Nachbar des futuristischen Cinerama Dome *(siehe S. 101)*. Die Lobby grenzt an eine hübsche Café-Bar mit Terrasse.

5 Egyptian Theatre

Karte P2 ■ 6712 Hollywood Blvd ■ +1-323-466-3456 ■ www.americancinematheque.com

Im ältesten der Filmtheater, die in den 1920er Jahren am Hollywood Boulevard entstanden *(siehe S. 13)*, ist die American Cinematheque zu Hause. Samstags findet die Historic Egyptian Theatre Tour statt.

6 California Science Center IMAX Theater

Karte D2 ■ 700 Exposition Park Dr ■ +1-323-744-7400 ■ www.californiasciencecenter.org

Im California Science Center *(siehe S. 86)* sorgen eine riesige Leinwand und Sechskanal-Surround-Sound für ein perfektes Kinoerlebnis.

California Science Center IMAX Theater

7 The Nuart Theatre

Karte C2 ■ 11272 Santa Monica Blvd ■ +1-310-473-8530 ■ www.landmarktheaters.com

Das Filmtheater zählt zu den besten Independentkinos der Stadt. Es zeigt Filme jenseits des Mainstreams. Samstagnachts ist der Kultfilm *The Rocky Horror Picture Show* zu sehen.

8 TCL Chinese Theatre IMAX

Karte P2 ■ 6925 Hollywood Blvd ■ +1-323-461-3331 ■ www.tclchinesetheatres.com

Der chinesische Fantasiebau *(siehe S. 12)* von 1927 zeigt bis heute Premieren und lockt auch Prominente an. Dem Kinokomplex nebenan fehlt das Flair des Originals.

TCL Chinese Theatre IMAX

9 Bing Theater, LACMA

Karte N6 ■ 5905 Wilshire Blvd, Midtown ■ +1-323-857-6010 ■ www.lacma.org

Das Kino im berühmten Kunstmuseum von Los Angeles *(siehe S. 20–23)* präsentiert anspruchsvolle Retrospektiven zu Schauspielern oder Regisseuren. Jeden Dienstag um 13 Uhr werden Klassiker gezeigt.

10 El Capitan Theatre

Karte P2 ■ 6838 Hollywood Blvd ■ +1-800-347-6396 ■ www.elcapitantheatre.com

Die Walt Disney Corporation ließ Hollywoods Glamour aufleben, indem sie das Theater *(siehe S. 13)* von 1926 restaurierte. Heute sind dort Disney-Premieren zu sehen, denen auch Liveshows vorangehen.

Fakten zum Oscar

Oscar-Statue im Dolby Theatre

1 Wie der Oscar zu seinem Namen kam
Die spätere Academy-Direktorin Margaret Herrick stellte eine gewisse Ähnlichkeit mit ihrem Onkel Oscar Pierce fest.

2 Der Oscar in Zahlen
Der 34 Zentimeter hohe und 3,8 Kilogramm schwere Oscar wurde bereits mehr als 3100 Mal überreicht.

3 Filme mit den meisten Oscars
Ben Hur, *Titanic* und *Der Herr der Ringe – Die Rückkehr des Königs* bekamen je elf Oscars.

4 Schauspieler mit den meisten Oscars
Walter Brennan, Jack Nicholson und Daniel Day-Lewis siegten je drei Mal.

5 Schauspielerin mit den meisten Oscars
Mit vier Oscars überflügelte Katherine Hepburn ihre männlichen Kollegen.

6 Oscar-Abräumer
Walt Disney gewann den Oscar 26 Mal.

7 Jüngste Oscar-Gewinnerin
Shirley Temple gewann im Alter von sechs Jahren und 310 Tagen.

8 Abgelehnter Oscar
1973 protestierte Marlon Brando gegen die Behandlung der Ureinwohner durch die Filmindustrie. Er wurde von der Aktivistin Sacheen Littlefeather vertreten.

9 Orte der Verleihung
Die Zeremonie fand bisher u. a. in Roosevelt Hotel, Ambassador Hotel, Shrine Auditorium, Pantages Theatre und Dolby Theatre (seit 2002) statt.

10 Oscar-Party
Der Governor's Ball – seit 2002 im Hollywood & Highland Grand Ballroom – beschließt die Verleihung.

TOP 10 Bühnen

1 Pantages Theatre

Karte Q2 ▪ 6233 Hollywood Blvd ▪ +1-323-468-1770 ▪ www.broadwayinhollywood.com

Der Art-déco-Bau aus dem Jahr 1929 *(siehe S. 12)* wurde sorgfältig restauriert. In dem einstigen Kinopalast fanden von 1949 bis 1959 die Oscarverleihungen statt.

In der Walt Disney Concert Hall

2 Walt Disney Concert Hall

Auf allen Plätzen in der von Frank Gehry entworfenen Konzerthalle, dem jüngsten Bau des Music Center, genießt man eine exzellente Akustik. Konzerte des Los Angeles Philharmonic Orchestra unter der segelförmigen Decke sind unvergesslich *(siehe S. 48 & S. 78)*.

3 Music Center

Karte V4 ▪ 135 N Grand Ave, Downtown ▪ +1-213-972-7211 ▪ www.musiccenter.org

Das Kulturzentrum besitzt mehrere Bühnen: Der Dorothy Chandler Pavilion ist die Heimat der Los Angeles Opera. Das Mark Taper Forum und das Ahmanson Theater präsentieren Stücke unserer Zeit.

4 The Ford

Karte P1 ▪ 2580 Cahuenga Blvd E ▪ +1-323-850-2000 ▪ www.theford.com

Die 1920 erbaute, von den Hollywood Hills umschlossene Freilichtbühne präsentiert ein multikulturelles Programm aus Musik, Tanz, Film und Theater.

5 Greek Theatre

Karte D2 ▪ 2700 N Vermont Ave ▪ +1-844-524-7335 ▪ www.lagreektheatre.com

Das beliebte Theater *(siehe S. 34)* im Griffith Park bot schon Musikgrößen wie B. B. King eine Bühne. Die gastierenden Stars hinterlassen ihre Handabdrücke in der Wall of Fame.

6 Theatricum Botanicum

Karte B2 ▪ 1419 N Topanga Canyon Blvd ▪ +1-310-455-3723 ▪ www.theatricum.com

Will Geer, dessen bekannteste Rolle die des Grandpa in der TV-Serie *The Waltons* in den 1970er Jahren war, rief dieses Theater ins Leben. Gespielt werden beliebte Klassiker.

7 Hollywood Bowl

Die Sommerkonzerte – von Beethoven bis Beatles, von Cabaret bis Rock – in dem natürlichen Rundtheater sind beliebt. Vor der Aufführung kann man picknicken. Zuweilen sind preiswerte Tickets erhältlich *(siehe S. 100)*.

Feuerwerk hinter der Hollywood Bowl

Eingang des Dolby Theatre

8 Dolby Theatre

Karte P2 ▪ 6801 Hollywood Blvd ▪ +1-323-308-6300 ▪ Führungen stündl. (nach Onlinebuchung) ▪ Eintritt ▪ www.dolbytheatre.com

In dem prächtigen Theater werden seit 2002 die Oscars verliehen. Die fünfstöckige Lobby und die große geschwungene Treppe sind ebenso eindrucksvoll wie die technische Ausstattung auf höchstem Niveau.

9 Royce Hall

Karte C2 ▪ UCLA Campus, Westwood ▪ +1-310-825-2101 ▪ www.roycehall.org

In dem neoromanischen Bau, einem der Originalgebäude (1929) der UCLA *(siehe S. 116)*, gastierte schon George Gershwin. Heute präsentiert der Konzertsaal avantgardistisches Theater, Ballett und Musik.

10 Microsoft Theater

Karte S6 ▪ 777 Chick Hearn Court ▪ +1-213-763-6030 ▪ www.microsofttheater.com

Auf der größten überdachten Theaterbühne Südkaliforniens finden außerdem Konzerte und Preisverleihungen wie die ESPY Awards und die Primetime Emmys statt.

Comedy Clubs

1 HaHa Comedy Club
5010 Lankershim Blvd ▪ +1-818-508-4995
Der Club widmet sich neuen Talenten.

2 The Groundlings Theatre
7307 Melrose Ave ▪ +1-323-934-4747
Lisa Kudrow, die Phoebe aus der Serie *Friends*, wurde hier bekannt.

3 Hollywood Improv
8162 Melrose Ave ▪ +1-323-651-2583
In dem berühmten Dinner Club amüsierte einst Robin Williams das Publikum.

4 Comedy Union
5040 W Pico Blvd ▪ +1-323-934-9300
Die Auftritte der Comedians sind hier oft länger als in anderen Clubs.

5 The Comedy Store
8433 Sunset Blvd ▪ +1-323-650-6268
In dem Club begannen die Karrieren von Jim Carrey und Michael Keaton.

6 Upright Citizens Brigade Theatre
5919 Franklin Ave ▪ +1-323-908-8702
In gemütlicher Atmosphäre improvisieren Comedians der Upright Citizens Brigade auf einer kleinen Bühne.

7 ACME Comedy Theater
135 N La Brea Ave ▪ +1-323-525-0202
Die beste Truppe für Sketch-Comedy in Los Angeles besitzt ein eigenes Theater.

8 The Comedy & Magic Club
1018 Hermosa Ave, Hermosa Beach ▪ +1-310-372-1193
Berühmte Komiker wie Jay Leno (meist So) testen hier neue Programme.

9 The Ice House
24 N Mentor Ave, Pasadena ▪ +1-626-577-1894
Der Club zählt zu den ältesten im Land.

10 Laugh Factory
8001 Sunset Blvd ▪ +1-323-656-1336
Der Club präsentiert Stars und junge Talente jedweder ethnischen Herkunft.

Laugh Factory am Sunset Blvd

TOP 10 Restaurants

Water Grill – gehobene Einrichtung und mit das beste Seafood in Los Angeles

1 Water Grill

In dem stets gut besuchten Restaurant genießen Gäste fangfrisches Seafood. Chefkoch Jonathan Moulton verwandelt jedes Gericht in ein kulinarisches Highlight. Der Muscheleintopf und das handgeschnittene Thunfischtatar sind herausragend. In die Austernbar kommen Theaterbesucher gern vor den Vorstellungen. Der Service ist tadellos *(siehe S. 83)*.

2 n/naka

Karte D2 ■ 3455 Overland Ave ■ www.n-naka.com ■ $$$$

Im n/naka muss man bis zu drei Monate im Voraus reservieren. Das Degustationsmenü ist eine dreistündige Verbeugung vor der *Kaiseki*-Tradition (mehrgängiges japanisches Essen) mit 13 exquisit präsentierten Gerichten. Zu den Spezialitäten gehören Spaghetti mit geschabter schwarzer Abalone und Tatar von der tasmanischen Meerforelle mit Spargelbutter und Kapuzinerkresse.

Seeigel, Providence

3 Providence

Karte Q4 ■ 5955 Melrose Ave ■ www.providencela.com ■ $$$$

Die Seafoodgerichte des Providence zählen zu den besten, die an der Westküste erhältlich sind. Unter den eleganten Speiseräumen bietet der kleine Patio eine besonders romantische Atmosphäre. Trüffel sind eine Spezialität. Die wechselnden Menüs und die Weine sind exquisit.

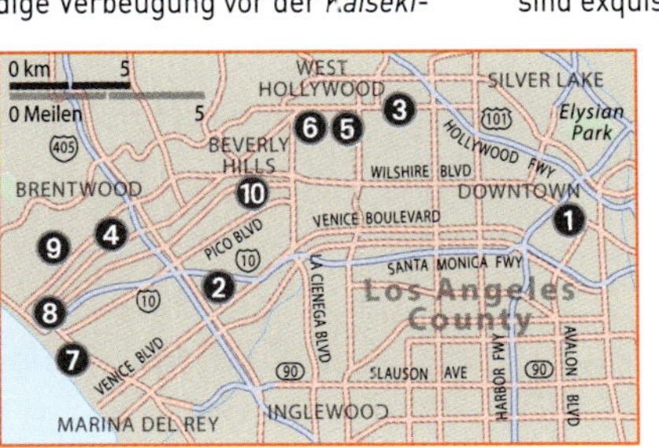

4 Echigo

Kenner schätzen das kleine Sushi-Restaurant für die fantasievoll präsentierten Speisen und den aufmerksamen Service. Die Theke bietet zwölf Gästen Platz. Mit *omakase* (Auswahl des Küchenchefs) liegt man stets richtig *(siehe S. 113)*.

5 Matsuhisa

Das Restaurant ist das Original einer kleinen Kette, die Nobu Matsuhisas japanisch-peruanische Kreationen serviert. Sushi und die leichten Tempura-Gerichte sind hervorragend, das Seafood ist besonders köstlich. Das Lokal wird häufig von Prominenten besucht. Tische sind einige Tage im Voraus zu reservieren *(siehe S. 119)*.

6 Spago Beverly Hills

Die Reichen und Berühmten sind von der kalifornischen Küche in höchstem Maße angetan. Die Speisekarte ist abwechslungsreich, zu Fleisch und Fisch werden saisonale Beilagen wie Pfifferlinge serviert. Die Räucherlachs-Pizza ist exzellent. Frühzeitige Reservierung wird empfohlen *(siehe S. 119)*.

7 Pasjoli

Das Bistro in Santa Monica versprüht Pariser Flair und verwendet für seine Hommage an die französische Küche saisonale Zutaten aus der Region. Spezialitäten von Chefkoch Dave Beran sind u. a. Steak au poivre, in Butter pochierter Hummer in Blätterteig und Zartbitterschokoladensoufflé mit hausgemachtem Vanilleeis und warmer Schokoladensauce. Dazu gibt es erlesene Weine *(siehe S. 127)*.

Dave Beran, Küchenchef des Pasjoli

Tische im Freien, Michael's

8 Michael's

Die ansprechend präsentierten, innovativen kalifornischen Gerichte erfreuen nicht nur den Gaumen, sondern auch die Augen. Die Einrichtung erinnert an die Eröffnung im Jahr 1979, aber ein neuer Küchenchef hat die Speisekarte mit modernen Aromen und Zutaten aufgepeppt. Im reizenden Garten kann man unter freiem Himmel speisen *(siehe S. 127)*.

9 Mélisse

Das mit zwei Michelin-Sternen ausgezeichnete Mélisse von Josiah Citrin zählt zu den besten Restaurants in Los Angeles. Hier entstehen aus frischen Zutaten der Region französische Klassiker mit modernem Touch sowie saisonale Menüs mit weißem Trüffel und Wild. Der prächtige Speisesaal und das geschulte Personal sorgen für ein perfektes, unvergessliches Abendessen *(siehe S. 127)*.

10 Maude

Einen Tisch im dezenten Restaurant des australischen Starkochs Curtis Stone muss man über einen Monat im Voraus online reservieren. Es gibt nur 24 Plätze, die Atmosphäre ist gemütlich, der Service überaus freundlich. Alle drei Monate steht eine andere Zutat – etwa Pistazien, Schwarze Trüffel oder Granatapfel – im Fokus eines Zehn-Gänge-Menüs. Zu jedem Degustationsmenü gibt es Weine aus einer der vier besten Regionen der Welt *(siehe S. 119)*.

Preiskategorien siehe S. 83

TOP 10 Shoppingmeilen

1 Third Street Promenade

In der Fußgängerzone ist vor allem im Sommer die Stimmung ausgelassen. Filialen gehobener Ladenketten wie Club Monaco und Anthropologie dominieren, es gibt aber auch Buchläden und Alteingesessene wie den Spielzeugladen Puzzle Zoo *(siehe S. 121)*.

2 Montana Avenue

Karte B3 ■ zwischen 7th & 17th St, Santa Monica

Die gehobenen Boutiquen sind bei Prominenten beliebt. Es macht Spaß, nach Mode, Wohnaccessoires, Pflegeprodukten und Sportausrüstungen zu stöbern, die von den Stars bevorzugt werden.

3 Old Pasadena

Das einst schäbige Viertel wurde in den 1990er Jahren restauriert. Den Colorado Boulevard und dessen Seitenstraßen säumen heute viele Fachgeschäfte und Filialen von Ladenketten *(siehe S. 93)*.

4 Rodeo Drive

Eine Shoppingtour am Rodeo Drive *(siehe S. 115 & S. 118)* sollte zu jedem Los-Angeles-Besuch gehören. Alle großen Namen der Haute Couture haben hier Läden, darunter Ralph Lauren, Armani, Balenciaga, Valentino, Dolce & Gabbana, Chanel und Versace. Etwas östlicher, am Beverly Drive, ist Shoppen nicht ganz so kostspielig.

Shopping, Robertson Boulevard

5 Robertson Boulevard

Karte L5 ■ zwischen 3rd St & Beverly Blvd

Läden der beliebtesten Designer von Los Angeles säumen den Boulevard. Die Preise sind astronomisch, dafür kann man hier Jennifer Aniston oder Cameron Diaz begegnen.

6 Melrose Avenue

Tätowierte Mittzwanziger stöbern zwischen La Brea und Fairfax Avenue nach Vintage-Mode, Clubwear und Schmuck *(siehe S. 108 & S. 112)*. Westlich der Fairfax Avenue liegen ein Designerviertel und das Pacific Design Center *(siehe S. 109)* für Inneneinrichtung mit Chic

Der elegante Rodeo Drive

Main Street, Santa Monica

Die einzigartigen legeren, aber eleganten Boutiquen und die Filialen von Ladenketten garantieren ein Shoppingvergnügen. In den Cafés kann man entspannen und Leute beobachten. Sonntags findet ein Bauernmarkt statt *(siehe S. 125)*.

Abbot Kinney Boulevard

Karte B5 ▪ zwischen Venice Blvd & Main St

Die winzigen Läden haben Charakter und sind mit Charakteren bevölkert. Im Künstlerflair von Venice werden sowohl Souvenirjäger und Fans von 1950er-Jahre-Möbeln als auch New-Age-Anhänger auf der Suche nach Aura-Soma-Ölen fündig.

Laden, Abbot Kinney Boulevard

Santee Alley

Karte T6 ▪ zwischen Olympic Blvd & 12th St, Downtown

Die Fußgängerzone, die turbulenteste im Fashion District und Zentrum der Bekleidungsindustrie von Los Angeles, ist bei Schnäppchenjägern beliebt. In basarähnlichem Ambiente werden reduzierte Kleidung, Accessoires, Koffer und Taschen verkauft, oft jedoch auch Fälschungen.

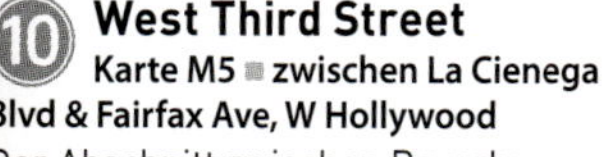

West Third Street

Karte M5 ▪ zwischen La Cienega Blvd & Fairfax Ave, W Hollywood

Der Abschnitt zwischen Beverly Center und Farmers Market zählt zu den beliebtesten Shoppingmeilen von Los Angeles. Das breite Angebot reicht von Geschenken bei New Stone Age bis hin zu Mode aus der Region bei Maison Nathalie.

Shoppingmalls

Santa Monica Place

1 Santa Monica Place
Karte B3 ▪ +1-310-394-5451
Frank Gehry entwarf die Mall mit tollem Imbissangebot.

2 Beverly Center
Karte L5 ▪ +1-310-854-0070
Das edle Shoppingcenter ähnelt beinahe einer Festung.

3 The Grove
+1-323-900-8000
Die Freiluftmall birgt einen Brunnen mit Wasserspielen *(siehe S. 107)*.

4 Glendale Galleria
Karte D1 ▪ +1-818-240-9481
Die fantastische Mall beherbergt etwa 250 Läden des mittleren Preissegments.

5 Southcoast Plaza
Karte G4 ▪ +1-800-782-8888
Mehr als 250 Boutiquen sind in dieser Shoppingmall – einer der größten in den USA – zu finden.

6 Westfield Century City
Karte C2 ▪ +1-310-553-5300
Die elegante Shoppingmall bietet einen Parkservice.

7 The Paseo
Karte E1 ▪ +1-626-795-8891
50 Läden, ein Kino, ein neues Hyatt-Hotel und Eigentumswohnungen gibt es in diesem trendigen Pasadena-»Dorf«.

8 Hollywood & Highland Center
Karte P2 ▪ +1-323-467-6412
Die Freiluftmall mit 70 Läden und 25 Restaurants liegt unterhalb des Hollywood-Schriftzugs *(siehe S. 13)*.

9 Westfield Fashion Square
Karte C1 ▪ +1-818-783-0550
Service wird in dieser Mall wahrlich großgeschrieben.

10 FIGat7th
Karte T5 ▪ +1-213-955-7150
Das Essen ist so toll wie die Architektur. Donnerstags ist hier ein bunter Markt.

TOP 10 Kostenlose Attraktionen

Hollywood Sign in den Hollywood Hills

1 Wanderung zum Hollywood Sign

Überwachungskameras und ein Zaun schützen die 14 Meter hohen Buchstaben aus Aluminium. Der berühmte Schriftzug ist deshalb nicht direkt zugänglich, man kann ihm aber sehr nahe kommen. Wege führen hinauf durch Chaparral, in dem u. a. Meisen, Habichte und ein paar Hirsche leben. Die Wege sind teils leicht, teils schwer begehbar und zwischen fünf und elf Kilometer lang *(siehe S. 99)*.

2 Downtown Art Walk

Karte U5 ■ 2. Do im Monat 12–22 Uhr ■ www.downtownartwalk.org

Die Galerien und Kunstausstellungen in der Spring und Main Street zwischen 4th und 7th Street öffnen ihre Türen und bieten Livemusik, Vorträge und Veranstaltungen.

3 Griffith Observatory

Vom Observatorium im Art-déco-Stil ist der Blick auf die Stadt grandios. Man kann ein foucaultsches Pendel besichtigen und in klaren Nächten durch ein Zeiss-Teleskop die Sterne beobachten. Die Sternenpartys einmal im Monat sind gratis. Auch die Parkplätze sind kostenlos *(siehe S. 35)*.

Griffith Observatory

4 Zuschauer bei einer TV-Show

www.on-camera-audiences.com

Wer bei einer Spiel- oder Talkshow im Publikum sitzen möchte, sollte sich beeilen – Gratistickets gibt es nur, solange der Vorrat reicht. Die besten Chancen hat man online. Auf dem Farmers Market und in der Shoppingmall The Grove suchen Mitarbeiter der nahe liegenden CBS Studios oft Personen, die leere Sitzplätze auffüllen.

Aquarium, California Science Center

5 California Science Center

In den Dauerausstellungen gibt es viel auszuprobieren: Man kann einen Raumanzug untersuchen, lernen, wie die Organe im Körper funktionieren, und einen Kelpwald unter Wasser sowie eine Polarstation erforschen – auch für Kinder ein tolles Erlebnis *(siehe S. 58 & S. 86)*.

6 Getty Center

Ausblick, Kunstausstellungen, Gärten, Führungen, Vorträge, hin und wieder Gratiskonzerte – alles Gründe, warum man sich gern im Getty Center trifft. Sparen Sie sich die Parkgebühren, der Bus hält vor dem Eingang *(siehe S. 16–19)*.

Mammutskelett im Page Museum

7 La Brea Tar Pits

Beim Gang um die Teergruben und beim Betrachten der in Lebensgröße nachgebildeten ausgestorbenen Tiere wird einem bewusst, dass hier 40 000 Jahre im blubbernden Asphalt konserviert wurden – alles gratis, nur das Page Museum nebenan verlangt Eintritt *(siehe S. 109)*.

8 Probenbesuch in der Hollywood Bowl

Während der Sommermonate kann man dienstags, donnerstags und freitags von 9 bis 12 Uhr den Proben auf der Bühne lauschen und anschließend in der wunderschönen Umgebung picknicken. Im Hollywood Bowl Museum nebenan ist der Eintritt ebenfalls frei *(siehe S. 100)*.

9 Besuch an den Gräbern der Stars

www.seeing-stars.com/buried

Die letzten Ruhestätten berühmter Filmstars auf den Friedhöfen von Los Angeles sind allesamt öffentlich zugänglich. Der Hollywood Forever Cemetary *(siehe S. 100)* händigt sogar Lagepläne aus.

10 Konzerte im LACMA

www.lacma.org

An Wochenenden veranstaltet das LACMA einstündige Gratiskonzerte: von April bis November ist freitags Jazz, sonntags Klassik zu hören. Beginn ist um 17 oder 18 Uhr. Von Juni bis August gibt es samstagabends lateinamerikanische Musik. Infos zu Spielstätten und virtuellen Events liefert die Website *(siehe S. 20 – 23)*.

Los Angeles für wenig Geld

1 Freier Eintritt in Museen
Viele Museen verlangen einmal pro Woche oder Monat keinen Eintritt.

2 Theaterkarten
www.theatreinla.com
Theatre in LA bietet für ausgewählte Vorstellungen Tickets zum halben Preis an.

3 Go Los Angeles Pass
www.gocity.com/los-angeles
Die Karte für einen bis sieben Tage (99 – 359 $) gewährt Eintritt zu mehr als 45 Attraktionen.

4 Bauernmärkte
Auf den Märkten von Los Angeles gibt es alles für ein Picknick – frisch, regional und zu vernünftigen Preisen.

5 Happy Hour
An Wochentagen servieren viele Restaurants spätnachmittags im Barbereich ausgewählte Gerichte mit Preisnachlass.

6 Ermäßigungen für Senioren
Senioren gewährt man in öffentlichen Verkehrsmitteln, Museen, Kinos und bei Konzerten in der Hollywood Bowl oft erhebliche Nachlässe.

7 Ohne Auto ins Disneyland® Resort
Hotels in Anaheim bieten für die Fahrt günstige oder gar kostenlose Shuttles.

8 Kostenlose Parkplätze
An manchen Bahnhöfen und U-Bahn-Stationen sind kostenlose Parkplätze für Fahrgäste vorhanden.

9 Clubmitglieder
Manche Verbände und Clubs ermöglichen Mitgliedern kleine Rabatte, z. B. der ADAC über seine Partnerschaft mit der American Automobile Association (AAA).

10 Günstig tanken
GasBuddy (www.gasbuddy.com) hilft, vor Ort die aktuell günstigste Tankstelle zu finden.

Tankstelle

TOP 10 Ausflüge

1 Mulholland Drive

Karte C1

Die berühmte nach dem Erbauer des Aquädukts von Los Angeles *(siehe S. 46)* benannte Straße windet sich von Hollywood aus 40 Kilometer an den Santa Monica Mountains entlang zum San Fernando Valley. An klaren Tagen bietet sie traumhafte Ausblicke über Los Angeles County.

2 Mission San Gabriel Arcangel

Karte E2 ■ 428 S Mission Dr, San Gabriel ■ +1-626-457-3035 ■ Mo–Sa 9–16.30 Uhr, So 10–16 Uhr ■ Eintritt ■ www.sangabrielmissionchurch.org

Überflutungen zwangen die vierte kalifornische Mission 1776, fünf Jahre nach der Gründung, an diesen Ort. Wie andere spanische Missionen in Kalifornien wurde auch sie von versklavten amerikanischen Ureinwohnern erbaut, die das Land seit Jahrhunderten bewohnten. In der Mission gibt es ein kleines Museum.

Eingang zu Knott's Berry Farm

3 Knott's Berry Farm

Karte F4 ■ 8039 Beach Blvd, Buena Park ■ +1-714-220-5200 ■ Öffnungszeiten tel. oder online erfragen ■ www.knotts.com

Einer der ersten Familienfreizeitparks der USA ist bekannt für seine nervenaufreibenden Fahrgeschäfte. Xcelerator und Supreme Scream stehen bei Teenagern hoch im Kurs, kleinere Kinder haben u. a. Spaß im Camp Snoopy Theatre.

Mission San Fernando Rey de España

4 Mission San Fernando Rey de España

15151 San Fernando Mission Blvd, Mission Hills ■ +1-818-361-0186 ■ tägl. 9–16.30 Uhr ■ Eintritt

Die 17. der 21 von Franziskanern in Kalifornien gegründeten Missionen entstand 1797, um El Pueblo de Los Angeles mit Lebensmitteln zu versorgen. Die Kirche ist ein exakter Nachbau des bei dem Sylmar-Erdbeben 1971 zerstörten ursprünglichen Gotteshauses. Der angrenzende *convento* mit den Wohnquartierer ist Kaliforniens größtes erhaltenes Lehmziegelbauwerk.

5 Six Flags Magic Mountain

26101 Magic Mountain Parkway, Valencia ■ +1-661-255-4100 ■ Öffnungszeiten tel. oder online erfragen ■ Eintritt ■ www.sixflags.com

Wer von Achterbahnen nicht genug kriegen kann, bekommt in diesem berühmten Vergnügungspark unzählige Loopings, Kurven, Kehren und Schleifen geboten. Besonders beliebt sind X, die weltweit erste vierdimensionale Achterbahn, und Superman: The Escape mit 6,5 Sekunden freiem Fall.

6 Santa Barbara & Wine Country

Iwy 101, ca. 145 km nördl. on L.A.

)ie Stadt mit spanischer \rchitektur und den auf Iügeln gelegenen Villen esitzt Charme. In der Gegend liegen eine Missi-n und historische Lehm-iegelhäuser. Auch Wein-iebhaber zieht es in die Region: Das Anbaugebiet m Santa Ynez (45 Minu-en Autofahrt) bietet viele Gelegenheiten zur Weinprobe.

7 *Queen Mary*

Karte E4 ■ 1126 Queens Hwy, ong Beach ■ +1-877-342-0738 ■ Öff-ungszeiten tel. oder online erfragen Eintritt ■ www.queenmary.com

)ie *Queen Mary* brachte im Zweiten Veltkrieg pro Fahrt rund 15 000 US-oldaten nach Europa. 1964 wurde ie stillgelegt, später machte sie als Besucherattraktion in Long Beach est. Viele Bereiche des Schiffs, das uch als Hotel fungiert, können auf igene Faust erkundet werden.

8 Ventura & Channel Islands National Park

'wy 101, ca. 105 km nördl. von L.A.

ie Main Street in Ventura lädt zum ummel durch Secondhand- und ntiquitätenläden ein. Auch die lission San Buenaventura lohnt inen Blick. Die Stadt bietet Zugang um Channel Islands National 'ark. Boote zu den Inseln legen as ganze Jahr über von Ventura Harbor ab.

9 Nixon Presidential Library & Museum

Karte G3 ■ 18001 Yorba Linda Blvd, Yorba Linda ■ +1-714-983-9120 ■ tägl. 10–17 Uhr ■ Eintritt ■ www.nixonlibrary.gov

Zur Gedenkstätte für Richard Nixon (1913–1994) gehören ein Museum, Gärten und das Farmhaus (1910), in dem der 37. US-Präsident zur Welt kam. Die Ausstellung zu dessen Errungenschaften beleuchtet auch den Watergate-Skandal. Der Lincoln Sitting Room wurde nachgebildet.

10 Ronald Reagan Presidential Library & Museum

Karte A1 ■ 40 Presidential Dr, Simi Valley ■ +1-805-577-4066 ■ tägl. 10–17 Uhr ■ Eintritt ■ www.reaganfoundation.org

Ein Stück Berliner Mauer und der Nachbau des Oval Office zählen zu den Attraktionen des Museums. Die Exponate reichen von den Kindertagen des 40. US-Präsidenten (1911–2004) in Illinois über seine Filmkarriere bis zum politischen Aufstieg.

Ventura & Channel Islands National Park

Stadtteile

Griffith Observatory oberhalb
von Downtown Los Angeles

TOP 10 Downtown

Downtown ist ein Mikrokosmos aus Vergangenheit, Gegenwart und Zukunft der Stadt. El Pueblo de Los Angeles erinnert an die spanischen Wurzeln, Chinatown und Little Tokyo sind lebhafte Viertel. Der finanzielle Puls der Stadt schlägt in der Flower Street und der Figueroa Street. Für die Kultur stehen u. a. das Museum of Contemporary Art, die Walt Disney Concert Hall und die Galerien im Arts District. Fashion District und Jewelry District setzen weitere Akzente, ebenso der Unterhaltungskomplex L.A. Live.

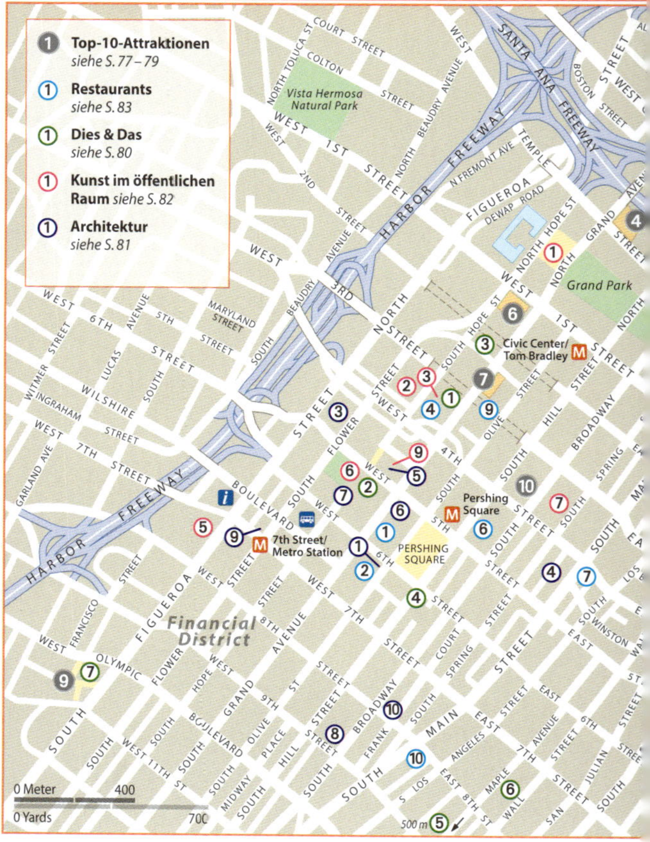

Souvenir aus der Olvera Street

Top-10-Attraktionen *siehe S. 77–79*

Restaurants *siehe S. 83*

Dies & Das *siehe S. 80*

Kunst im öffentlichen Raum *siehe S. 82*

Architektur *siehe S. 81*

El Pueblo de Los Angeles

Im historischen Viertel nahe der Stelle, wo L.A. 1781 gegründet wurde, stehen Gebäude des frühen 19. Jahrhunderts, als die Stadt nur ein Vorposten Mexikos war. Die restaurierte Olvera Street im Zentrum des Viertels ist heute ein lebhafter Markt mit mexikanischen Trödelläden und Restaurants *(siehe S. 24f)*.

Union Station

Karte X4 ▪ 800 N Alameda St

Der 1939, im Goldenen Zeitalter der Eisenbahn, errichtete Bahnhof verbindet traditionelle spanische Architektur mit Elementen des Art déco. Die hohe Haupthalle zieren eine Kassettendecke, ein glänzender Marmorboden und hohe Bogenfenster. Der Bahnhof war u. a. Filmkulisse in *Haie der Großstadt* (1961) und in *Bugsy* (1991).

Eine der großen Hallen der Union Station

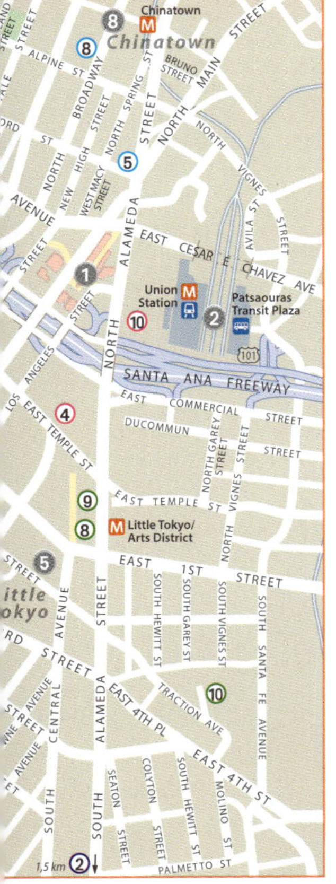

City Hall

Karte W4 ▪ 200 N Spring St ▪ Mo–Fr 8–17 Uhr ▪ Führungen: 10–12.30 Uhr

Der zentrale Turm des 1928 errichteten Komplexes überstieg die damals zulässige Bauhöhe um das Dreifache und war gut 40 Jahre lang das höchste Bauwerk der Stadt. Vor Jahren wurde die Rotunde mit Marmorsäulen renoviert. Die City Hall diente mehrfach als Filmkulisse: In *Kampf der Welten* (1953) wurde sie von Außerirdischen angegriffen. Den vielleicht bekanntesten »Auftritt« hatte die City Hall in der TV-Serie *Superman* als Sitz des *Daily Planet*.

Los Angeles City Hall

4 Cathedral of Our Lady of the Angels

Karte V3 ■ 555 W Temple St ■ +1-213-680-5215 ■ Mo–Fr 8–18 Uhr, Sa 9–18 Uhr, So 7–18 Uhr ■ kostenlose Führungen: Zeiten tel. erfragen ■ www.olacathedral.org

Die moderne römisch-katholische Kathedrale der Stadt überragt den Hollywood Freeway. Den Eingang bilden riesige, vom einheimischen Bildhauer Robert Graham gestaltete Bronzetüren unter einer Marienstatue. Durch die Alabasterfenster fällt sanftes Licht in den Innenraum.

5 Little Tokyo

Karte W4–5 ■ zwischen 1st St, 4th St, Alameda St & Los Angeles St

Seit den 1880er Jahren gibt es in Los Angeles japanische Gemeinden. Bei der Stadtsanierung in den 1960er Jahren wurde viel in Little Tokyo modernisiert, die wenigen erhaltenen Gebäude in der East First Street stehen unter Denkmalschutz. Besonders sehenswert sind hier das Japanese American National Museum *(siehe S. 80)* und das MOCA Geffen Contemporary *(siehe S. 80)*.

6 Walt Disney Concert Hall

Karte V4 ■ 111 S Grand Ave ■ +1-323-850-2000 ■ www.laphil.com

Die Spielstätte des Los Angeles Philharmonic Orchestra ergänzt die Landschaft der Stadt grandios. Frank Gehrys Design des Auditoriums ist die bildhauerische Interpretation eines Schiffs. Die äußeren »Segel« sind mit Stahlplatten verkleidet. Im Saal sorgt die geschwungene Holzdecke für eine hervorragende Akustik *(siehe S. 48 & S. 64)*.

Museum of Contemporary Art

7 Museum of Contemporary Art (MOCA)

Karte U4 ■ 250 S Grand Ave ■ +1-213-626-6222 ■ Zeiten siehe Website ■ Eintritt ■ www.moca.org

Das 1979 gegründete MOCA nahm bei der kulturellen Renaissance von Downtown eine führende Rolle ein. Der japanische Architekt Arata Isozaki entwarf das Gebäude. Darin präsentiert das Museum verschiedenste Kunstformen von 1940 bis heute. In der Dauerausstellung sind u. a. Werke von Jackson Pollock, Andy Warhol und Roy Lichtenstein zu sehen.

8 Chinatown

Karte W2 ■ Broadway Hill, nördl. des Cesar Chavez Blvd

Chinesen siedelten sich erstmals nach dem Goldrausch in L.A. an. Der Bau der Union Station zwang die Gemeinde, einige Blocks gen Norden zu ziehen (»New Chinatown«). Das exotische Viertel ist kulturelles Zentrum der über 200 000 chinesischen Amerikaner. Hier wird alles Mögliche verkauft, vom eingelegten Ingwer bis zum Glücksbambus.

Farbenfrohes Chinatown

Chung King Road

Die ruhige, von Laternen beleuchtete Gasse in Chinatown ist Keimzelle der Kunstszene von Los Angeles. Zwischen traditionellen chinesischen Antiquitäten- und Möbelläden befinden sich mehrere Galerien und viele Ateliers. Nach dem Bummel lockt das Restaurant Chinese Friends zu einem entspannten Drink.

9 L.A. Live

Karte S6 ■ www.lalive.com

Auf einem mehr als 370 000 Quadratmeter großen Areal neben dem Staples Center steht das führende Sport- und Unterhaltungscenter von Los Angeles. Hier befinden sich u. a. das wegen seiner Akustik hochgelobte Microsoft Theater, das bis zu 7100 Zuschauern Platz bietet, sowie der Liveclub The Novo by Microsoft. Der offene Microsoft Square bildet das Zentrum dieses gigantischen Komplexes.

Grand Central Market

10 Grand Central Market

Karte V5 ■ 317 S Broadway ■ +1-213-359-6007 ■ tägl. 8–21 Uhr ■ www.grandcentralmarket.com

Auf dem lebhaften, seit 1917 bestehenden exotischen Markt decken sich auch Besucher gern mit Obst und Gemüse, Fleisch, Fisch, Kräutern und Gewürzen sowie Brot und Kuchen ein. Die Waren sind preiswert. Auch viele der Imbissstände haben eine lange Tradition, darunter das Roast To Go, in dem die Familie Penilla seit 1952 gute Tacos und Burritos serviert. Der Architekt Frank Lloyd Wright hatte einst ein Büro in dem Gebäude.

Spaziergang

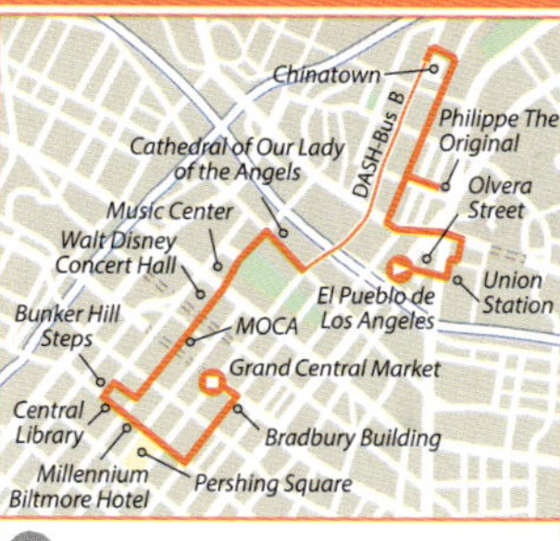

Vormittags

Beginnen Sie den Tag im historischen **El Pueblo de Los Angeles**, das Sie in die mexikanisch-spanische Zeit zurückversetzt. Bummeln Sie an den Ständen der **Olvera Street** *(siehe S. 24)* entlang, bevor Sie die Alameda Street zur **Union Station** hin überqueren.

Folgen Sie der East Cesar Chavez Avenue gen Westen, und biegen Sie rechts auf den Broadway ab. Nach dem Spaziergang durch **Chinatown** erwartet Sie bei **Philippe The Original** *(siehe S. 83)* ein exzellenter Lunch.

Nachmittags

Fahren Sie mit dem DASH-Bus B vom Broadway zur Temple Street, die von der **Cathedral of Our Lady of the Angels** beherrscht wird. Nach dem Besuch von Rafael Moneos modernistischem Meisterwerk gehen Sie auf der Grand Avenue nach Süden, am **Music Center** *(siehe S. 64)* und an der **Walt Disney Concert Hall** vorbei zum **MOCA**, das einen Rundgang wert ist.

Dann geht es die **Bunker Hill Steps** *(siehe S. 81)* hinunter, wo Robert Grahams Skulptur *Source Figure* und die **Central Library** *(siehe S. 80)* Blicke verdienen, bevor es zum **Pershing Square** geht. Das **Millennium Biltmore Hotel** *(siehe S. 81)* lädt zu einer Kaffeepause ein. Das viktorianische **Bradbury Building** *(siehe S. 49)* sollten Sie vor 17 Uhr erreichen, danach können Sie auf dem **Grand Central Market** shoppen.

Siehe Karte S. 76f

Dies & Das

1 Wells Fargo History Museum

Karte U4 ■ 333 S Grand Ave ■ +1-213-253-7166 ■ Mo–Fr 9–17 Uhr ■ www.wellsfargohistory.com

Das Wildwestmuseum zeigt eine Postkutsche und Nuggets aus der Zeit des Goldrauschs.

2 Central Library

Karte U5 ■ 630 W 5th St ■ +1-213-228-7000 ■ Mo–Fr 10–16.30 Uhr

Bertram Goodhues Beaux-Arts-Bau (1926) für die Hauptbibliothek erhielt im Jahr 1993 ein Atrium voller Kunstwerke.

Lesesaal, Central Library

3 The Broad

Karte V4 ■ 221 S Grand Ave ■ +1-213-232-6200 ■ Di, Mi & Fr 11–17 Uhr, Sa, So 10–17 Uhr ■ www.thebroad.org

Das auffallende Gebäude birgt eine erlesene Sammlung zeitgenössischer Kunst, u. a. den überwältigenden *Infinity Mirrored Room* von Yayoi Kusama.

4 Jewelry District

Karte U6 ■ Hill St südwestl. des Pershing Square

Im Schmuckviertel von L.A. sind alle Arten von Geschmeide, Edelsteinen und Armbanduhren erhältlich.

5 Fashion District

Karte U6 ■ zwischen Broadway, San Pedro St, 7th St & 16th St

Die 56 Blocks bilden das Zentrum von Los Angeles' Modeindustrie. Das Viertel ist ein Paradies für Schnäppchenjäger *(siehe S. 69)*.

6 Flower Market

Karte V6 ■ 766 Wall St ■ +1-213-627-3696 ■ Mo–Do 8–12 Uhr, Fr 8–14 Uhr, Sa 6–14 Uhr ■ Eintritt ■ www.originallaflowermarket.com

Der 1913 gegründete, größte Blumenmarkt in den USA bietet von Rosen bis zu Orchideen wohl alles.

7 Grammy Museum

Karte S6 ■ 800 W Olympic Blvd ■ +1-213-765-6800 ■ So, Mo, Mi–Fr 11–17 Uhr, Sa 10–18 Uhr ■ www.grammymuseum.org

Wer möchte, kann in dem der Musikindustrie gewidmeten Museum ein Lied singen und aufnehmen.

8 Japanese American National Museum

Karte W5 ■ 100 N Central Ave ■ +1-213-625-0414 ■ Di–So 11–17 Uhr, ■ Eintritt ■ www.janm.org

In einem buddhistischen Tempel wird die Geschichte der japanischen Einwanderer beleuchtet.

9 MOCA Geffen Contemporary

Karte W5 ■ 152 N Central Ave ■ +1-213-626-6222 ■ Mi–Fr 11–17 Uhr, Sa & So 11–18 Uhr ■ Eintritt ■ www.moca.org

Eine Polizeigarage birgt Sonderausstellungen des MOCA *(siehe S. 78)*.

10 Downtown Arts District

Karte U4 ■ zwischen 1st St, 7th St, Alameda Ave & Los Angeles River

Nachdem Künstler in der Gegend Ateliers eingerichtet hatten, zogen bald auch elegante Galerien, Läden und Restaurants ein.

Architektur

1 Oviatt Building

Karte U5 ■ 617 S Olive St

Der Art-déco-Bau (1927) mit französischem Inventar und einem mit Lalique-Glas verzierten Vorhof birgt das Restaurant Cicada *(siehe S. 83)*.

2 Coca-Cola Bottling Plant

Karte E3 ■ 1334 S Central Ave ■ für die Öffentlichkeit geschl.

Das moderne Bauwerk inmitten eines Gewerbegebiets ähnelt einem Ozeandampfer – samt Bullaugen. Die Ecken flankieren zwei riesige Colaflaschen.

3 Westin Bonaventure Hotel

Karte U4 ■ 404 S Figueroa St ■ +1-213-624-1000

Mit seinen fünf Spiegelglaszylindern wirkt das größte Hotel der Stadt wie ein startbereites Raumschiff *(siehe S. 148)*.

4 Old Bank District

Karte V5 ■ 4th St zwischen Main St & Spring St

Das stattliche Gebäudetrio (1904–10) wurde umgestaltet. Heute sind hier Lofts untergebracht.

5 US Bank Tower

Karte U5 ■ 633 W 5th St

Der Bau des 310 Meter hohen Gebäudes konnte erst beginnen, als man der Central Library die Luftrechte abgekauft hatte, um die bisherige Maximalhöhe überschreiten zu dürfen.

US Bank Tower

Millennium Biltmore Hotel

6 Millennium Biltmore Hotel

Karte U5 ■ 506 S Grand Ave ■ +1-213-624-1011

Das Beaux-Arts-Hotel von1923 vereint Stilelemente von der Renaissance bis zum Klassizismus.

7 Bunker Hill Steps

Karte U4

Die Treppe führt von der Hope Street zur Fifth Street hinab. Sie zieren viele Kunstwerke, darunter die Skulptur eines weiblichen Akts von Robert Graham *(siehe S. 82)*.

8 Eastern Columbia Building

Karte U6 ■ 849 Broadway

Ein Terrakotta-»Mantel« in hellem Türkis umhüllt das einstige Möbel- und Textilkaufhaus von 1930.

9 Fine Arts Building

Karte T5 ■ 811 W 7th St Lobby ■ zu Bürozeiten geöffnet

Die Fassade des Baus von 1927 ist reich verziert, die Lobby im Stil der spanischen Renaissance gehalten.

10 Broadway Historic Theater District

Karte U6 ■ Broadway zwischen 3rd St & 9th St

In der Stummfilmzeit war der Broadway *das* Kinoviertel. Die Kinopaläste sind wahre Wunderwerke.

Siehe Karte S. 76f

Kunst im öffentlichen Raum

1 *Peace on Earth*

Karte V4 ■ Music Center Plaza, 135 N Grand Ave

Die große bronzene Madonna schuf Jacques Lipchitz im Jahr 1969, auf dem Höhepunkt des Vietnamkriegs. Die Taube ist ein Symbol des Friedens, die Lämmer verkörpern die Menschlichkeit.

2 *Four Arches*

Karte U4 ■ 333 S Hope St

Alexander Calder fertigte überwiegend mobile Strukturen, die glühend orangerot bemalte Stahlarbeit von 1975 ist jedoch ein »Stabile« – eine abstrakte, feststehende Skulptur.

3 Wells Fargo Court

Karte U4 ■ Wells Fargo Center, 333 S Grand Ave

Im Erdgeschoss des Bürokomplexes sind Akte von Robert Graham, Joan Mirós kindhafte *La Caresse d'un Oiseau* und Jean Dubuffets karikierter *Dandy* ausgestellt.

Molecule Man **von Jonathan Borofsky**

4 *Molecule Man*

Karte W4 ■ 255 E Temple St

Jonathan Borofskys monumentale Skulptur aus vier sich umarmenden Figuren repräsentiert die auf molekularer Ebene beruhenden Gemeinsamkeiten zwischen den Völkern.

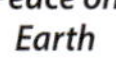

Peace on Earth

5 *Corporate Head*

Karte T5 ■ 725 S Figueroa St

Die eindringliche Skulptur (1990) von Terry Allen und Philip Levine verurteilt die Gier und den Verfall der moralischen Werte im Amerika von heute.

6 *Spine*

Karte U4 ■ Maguire Gardens, Nordseite der Central Library, Ecke Flower St & 5th St

Die allegorische Installation (1993) von Jud Fine stellt ein Buch dar – der Brunnen symbolisiert den Einband, die Stufen stehen für die Seiten, die Wasserbecken für den Inhalt.

7 *Biddy Mason: A Passage of Time*

Karte V5 ■ 333 S Spring St, nahe 3rd St

Das Denkmal von Betye Saar und Sheila de Bretteville ehrt Biddy Mason (1818–1891), die einstige Sklavin und Gründerin der ersten schwarzen Kirche der Stadt.

8 Astronaut Ellison S. Onizuka Memorial

Karte W5 ■ Onizuka St, Little Tokyo

Das Modell der *Challenger* im Maßstab 1:10 von Isao Hirai (1990) ehrt den ersten japanisch-amerikanischen Astronauten.

9 *Source Figure*

Karte U4 ■ Hope St, nahe 4th St

Die bronzene afroamerikanische Nackte steht am oberen Ende der Bunker Hill Steps *(siehe S. 81)*. Die von Robert Graham 1992 entworfene Statue symbolisiert die Wasserquelle, die sich die Stufen hinab ergießt.

10 *Traveler*

Karte X4 ■ Union Station

Terry Schoonhovens Keramikbild von 1993 zeigt kalifornische Reisende zur Zeit der spanischen Entdeckungsfahrten und Wahrzeichen wie das Pico House *(siehe S. 25)*.

Restaurants

Preiskategorien
Preis für ein Drei-Gänge-Menü pro Person mit einem Glas Hauswein, inkl. Steuern und Service.

$ unter 25 $ **$$** 25–50 $ **$$$** 50–80 $ **$$$$** über 80 $

1 Water Grill

Karte U5 ■ 544 S Grand Ave ■ +1-213-891-0900 ■ $$$

Seafood-Fans genießen in diesem Restaurant frischeste Gerichte und köstliche Desserts *(siehe S. 66)*.

2 Cicada

Karte U5 ■ 617 S Olive St ■ +1-213-488-9488 ■ $$$

Das elegante Art-déco-Ambiente im historischen Oviatt Building stellt die klassische norditalienische Küche beinahe in den Schatten.

3 Redbird

Karte V5 ■ 114 E 2nd St ■ +1-213-788-1191 ■ $$$

Das Redbird serviert in einer ehemaligen Kathedrale kalifornische Haute Cuisine und starke Cocktails in luftigen, modernen Räumen.

4 Nick & Stef's Steakhouse

Karte U4 ■ 330 S Hope St, Wells Fargo Center ■ +1-213-680-0330 ■ $$$

Gäste können die saftigen Fleischstücke vorab in der verglasten Speisekammer begutachten.

5 Philippe The Original

Karte X3 ■ 1001 N Alameda St ■ +1-213-628-3781 ■ $

Seit 1908 werden an langen Gemeinschaftstischen u. a. Sandwiches mit Rindfleisch und Zwiebeln serviert. Vegetarier haben es hier schwer.

6 Perch

Karte U5 ■ 448 S Hill St ■ +1-213-802-700 ■ $$$

Das romantische Perch bietet Aussicht von der Dachterrasse und französische Haute Cuisine. Berühmt sind die Trüffel-Pommes-frites.

7 Bäco Mercat

Karte V5 ■ 408 S Main St ■ +1-213-687-8808 ■ $$

Küchenchef Josef Centeno mixt in seinem Diner spanische und mediterrane Küche. Hausspezialität ist das Fladenbrot-Sandwich »Bäco«.

Stylishes Ambiente des Bäco Mercat

8 Yang Chow

Karte W2 ■ 819 N Broadway, Chinatown ■ +1-213-625-0811 ■ $

Ein Teller der Hausspezialität »Slippery Shrimp« steht auf fast jedem Tisch des Chinalokals. Lecker ist auch das Schweinefleisch *moo-shu*.

9 Noe

Karte X4 ■ 251 S Olive St ■ +1-213-356-4100 ■ $$$$

Für ein romantisches Dinner nach dem Theater gibt es Seafood, Fleisch und Geflügel nach Art der amerikanisch-japanischen Fusionsküche.

10 Casa La Dona

Karte U6 ■ 800 S Main St ■ +1-213-627-7441 ■ tägl. (Frühstück Fr–So) ■ $

In der Salsa-Bar schmecken die Tortillas und Tamales wie in Mexiko. Fisch vom Grill ist ebenfalls sehr zu empfehlen.

Siehe Karte S. 76f ←

TOP 10 Rund um Downtown

Man sagt, Los Angeles sei keine Stadt, sondern eher eine Ansammlung von 88 eigenständigen Gemeinden. Rund um Downtown wird dies besonders deutlich. Westlich beheimatet Koreatown die größte koreanische Gemeinde der USA, im Osten ist der lateinamerikanische Bevölkerungsanteil hoch. Das Viertel um die St. Sophia Cathedral dominieren Lateinamerikaner und Griechen. Nordöstlich steht das berühmte Dodger Stadium, südlich liegt der Exposition Park mit Museen und Sportstätten.

Hale House, Heritage Square Museum

1 Heritage Square Museum

Karte E2 ■ 3800 Homer St, Montecito Heights ■ +1-323-225-2700 ■ Sa, So 11–17 Uhr ■ Eintritt ■ www.heritagesquare.org

Abgesehen von der Carroll Avenue wurden die meisten viktorianischen Häuser der Stadt abgerissen, einige transportierte man jedoch per Hubschrauber auf dieses Gelände. Von den insgesamt acht Exemplaren verdient das wunderbar restaurierte Hale House besondere Beachtung.

1 **Top-10-Attraktionen** *siehe S. 84–87*

1 **Restaurants** *siehe S. 89*

1 **Dies & Das** *siehe S. 88*

Eingang zur San Antonio Winery, der letzten ihrer Art in Los Angeles

2 Institute of Contemporary Art, L.A.

Karte V6 ■ 1717 E 7th St ■ +1-213-928-0833 ■ Mi–So 12–17 Uhr ■ www.theicala.org

Das 1984 als Santa Monica Museum of Art gegründete Haus wurde 2017 an seinem neuen Standort eröffnet und spielt eine entscheidende Rolle bei der Wiederbelebung von Downtown. Die Ausstellungen präsentieren zeitgenössische Künstler aus der ganzen Welt und spiegeln die kulturelle Vielfalt und Energie der Stadt wider. Es gibt auch einen Innenhof und ein Freiluftcafé.

3 Natural History Museum

Karte D2 ■ 900 Exposition Blvd, Exposition Park ■ +1-213-763-3466 ■ Mi–Mo 9.30–17 Uhr ■ Eintritt (unter 2 Jahren frei) ■ www.nhm.org

In dem Museum kann man leicht den ganzen Tag verbringen. Dinosaurier, die Ausstellung Age of Mammals mit dem Mastodon aus Simi Valley und der seltene, vier Meter lange Riesenmaulhai ziehen Besucher in Scharen an. Die Gem and Mineral Hall präsentiert eine Goldsammlung und eine begehbare Edelsteinhöhle. Kulturelle Ausstellungen erläutern die Traditionen indianischer und lateinamerikanischer Zivilisationen. Kinder lieben das Discovery Center und den Insektenzoo.

4 San Antonio Winery

Karte E2 ■ 737 Lamar St, Montecito Heights ■ +1-323-223-1401 ■ Probierstube: Mo–Do 9–18 Uhr, Fr–So 9–19 Uhr ■ www.sanantoniowinery.com

Die letzte Weinkellerei von L.A. liegt im Industriegebiet nördlich des Los Angeles River, wo sich einst viele Weinberge erstreckten. Gründer Santo Cambianica stand bei seiner Ankunft 1917 mit über 100 Winzern in Konkurrenz. Die Prohibition setzte dem Weinbau ein Ende, San Antonio aber überdauerte durch die Produktion von Messwein. Besucher lockt neben einer Weinprobe das Maddalena Restaurant *(siehe S. 89)*.

Historic Southwest Museum Mount Washington Campus

5 Historic Southwest Museum Mount Washington Campus

Karte E2 ■ 234 Museum Dr, Mount Washington ■ +1-323-221-2164 ■ Sa 10–16 Uhr ■ www.theautry.org

Das älteste Museum der Stadt entstand als Southwest Museum of the American Indian. Charles Lummis hatte die Idee und bildete mit indianischen Artefakten aus seinem Besitz den Grundstock für die größte Sammlung ihrer Art. Das Museum gibt einen Überblick über die Traditionen indianischer Kulturen in Kalifornien, in den Great Plains, im Südwesten und an der Nordwestküste der USA.

Altar und Ikonografie in der St. Sophia Cathedral

6 St. Sophia Cathedral

Karte D2 ■ 1324 S Normandie Ave, Harvard Heights ■ +1-323-737-2424 ■ Mo–Fr 10–16 Uhr, Sa 10–14 Uhr, So 12.30–13 Uhr ■ www.stsophia.org

Die Hauptkirche der griechischen Gemeinde Südkaliforniens setzt einen außergewöhnlichen Akzent. Die Fassade des Gotteshauses ist schlicht, im reich verzierten Innenraum beeindruckt der mit Ikonen besetzte goldene Altar der Jungfrau Maria. Das Bild in der 27 Meter hohen Kuppel zeigt Jesus, umgeben von Heiligen.

California African American Museum

7 California African American Museum

Karte D2 ■ 600 State Dr, Exposition Park ■ +1-213-744-7432 ■ Di–Sa 10–17 Uhr, So 11–17 Uhr ■ frei (Parkgebühr 15 $) ■ www.caamuseum.org

Das Museum widmet sich Kunst, Geschichte und Kultur der Afroamerikaner – mit Schwerpunkt auf Kalifornien und dem Westen der USA. Die Hauptausstellung erzählt von den afrikanischen Wurzeln, der Sklavenzeit in Amerika und der Freiheit an der Westküste. Die Exponate verdeutlichen den Beitrag afroamerikanischer Künstler zur amerikanischen Kultur.

8 California Science Center

Karte D2 ■ 700 Exposition Park Dr ■ +1-323-724-3623 ■ tägl. 10–17 Uhr ■ frei (Parkgebühr 15 $) ■ www.californiasciencecenter.org

Das unterhaltsame Wissenschafts- und Technikmuseum erläutert in drei Abteilungen diverse Themen anhand von interaktiven Exponaten. World of Life erklärt organische Prozesse von Lebewesen, Creative World behandelt die menschliche Fähigkeit, sich mithilfe von Technologie an die Umwelt anzupassen, die Air and Space Gallery widmet sich dem Weltraum. Die Raumfähre *Endeavour* stiehlt jedoch allen anderen Exponaten die Show *(siehe S. 58)*.

9 Lummis Home & Gardens

Karte E2 ■ 200 E Ave 43, Mount Washington ■ +1-323-226-1620 ■ Sa & So 10–15 Uhr ■ www.laparks.org

Hier lebte einst der Exzentriker Charles Fletcher Lummis (1859–1928), der im Jahr 1885 die 4830 Kilometer von Ohio nach Los Angeles zu Fuß zurücklegte. Lummis war ein bedeutender Förderer Kaliforniens

Koreatown

Teile der westlichen Vermont Avenue rund um den Wilshire Boulevard im Westen Downtowns erinnern stark an Seoul. Das Areal ist lebendiges Zentrum Koreatowns, der Heimat der größten koreanischen Gemeinde in den USA. Das Korean Cultural Center, 5505 Wilshire Boulevard, bietet Informationen über das Leben der Koreaner in Los Angeles.

und setzte sich für den Erhalt von Baudenkmälern ein. Sein Haus errichtete er eigenhändig aus Beton und gefundenem Material wie Felsblöcken und Eisenbahnschienen. Wegen der riesigen Platane trägt das Gebäude auch den spanischen Namen El Alisal.

10 Dodger Stadium

Karte W1 ▪ 1000 Elysian Park Ave ▪ +1-323-224-1500 ▪ Führungen: 10, 11, 12 & 13 Uhr an spielfreien Tagen ▪ Eintritt ▪ www.mlb.com/dodgers/ballpark

Für viele Amerikaner wäre Frühling ohne Baseball kein richtiger Frühling. Alljährlich besuchen Tausende das Dodger Stadium, um die »Boys in Blue« spielen zu sehen. Sie feuern die Los Angeles Dodgers an und genießen die berühmten Dodger Dogs. Das im Jahr 1962 eröffnete Stadion zählt zu den schönsten der USA. Hier fanden bereits mehrfach die World Series (die Finals der Baseball-Profiligen) und viele Konzerte statt. Sogar der Papst feierte hier eine Messe.

Spieltag im Dodger Stadium

Spaziergang

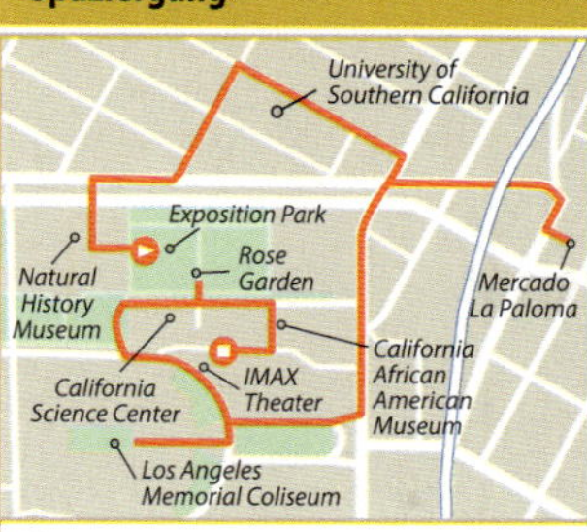

Vormittags

Betreten Sie den **Exposition Park** von der Figueroa Street aus, und besuchen Sie das **Natural History Museum**. Achten Sie auf die schöne Fassade, ehe Sie hineingehen. An der Nordseite steht die Bronzeskulptur eines Tyrannosaurus Rex, der gegen einen Triceratops kämpft. Überqueren Sie dann die Straße zum Campus der **University of Southern California** *(siehe S. 88)*, wo Sie stündlich an einer Führung (10–15 Uhr) teilnehmen können. Mittagessen gibt es am Exposition Boulevard oder im **Mercado La Paloma** (3655 S Grand Ave), einem Latino-Markt mit Ständen und Lokalen.

Nachmittags

Kehren Sie zum Exposition Park zurück, und sehen Sie sich das **Los Angeles Memorial Coliseum** (3911 S Figueroa St) an, die Hauptaustragungsstätte der Olympischen Sommerspiele von 1932 und 1984. Die zwei riesigen kopflosen Bronzefiguren am Osteingang stammen von dem Bildhauer Robert Graham. Nördlich davon liegt das **California Science Center** mit interaktiven Exponaten. Kaufen Sie sich in der Cafeteria etwas zu trinken, und entspannen Sie im herrlichen **Exposition Park Rose Garden** *(siehe S. 52)*. Falls Sie noch Energie haben, besuchen Sie die Ausstellungen im **California African American Museum**. Oder aber Sie lassen den Tag mit einem dreidimensionalen Abenteuer im **California Science Center IMAX Theater** *(siehe S. 62)* ausklingen.

Siehe Karte S. 84

Dies & Das

1 Angelus Temple

Karte T1 ■ 1100 Glendale Blvd, Echo Park ■ zu besonderen Anlässen geöffnet

Ein Prediger mit Hang zum Theatralischen ließ das Gotteshaus im Jahr 1923 als Sitz der Foursquare Gospel Church errichten.

2 The Wiltern

Karte R6 ■ 3790 Wilshire Blvd, Koreatown

Der Konzertsaal befindet sich in dem 1931 im Art-déco-Stil erbauten Pellissier Building.

3 Bullocks Wilshire Building

Karte D2 ■ 3050 Wilshire Blvd, Koreatown

Das eindrucksvolle Bauwerk, eines der ältesten Art-déco-Gebäude der USA, beherbergt die Southwestern University School of Law.

4 Shrine Auditorium

Karte D2 ■ 665 W Jefferson Blvd, beim Exposition Park

Das maurische Theater von 1926 bietet bis zu 6300 Zuschauern Platz. Es war einst das größte der USA.

5 University of Southern California (USC)

Karte D2 ■ Haupteingang: Exposition Blvd Höhe Pardee Way ■ +1-213-740-2311 ■ www.usc.edu

George Lucas ist einer der Absolventen der 1880 erbauten, ältesten privaten Hochschule im Westen der Vereinigten Staaten.

6 William Andrews Clark Memorial Library

Karte R6 ■ 2520 Cimarron St, W Adams District ■ +1-323-735-7605 ■ Führungen auf Anfrage

Das Gebäude von 1926 birgt eine Sammlung seltener, nur Studenten zugänglicher englischer Bücher und einen eichengetäfelten Musikraum.

7 El Mercado

Karte E2 ■ 3425 E 1st St, East L.A. ■ +1-323-268-3451 ■ Mo–Fr 10–20 Uhr, Sa & So 9–21 Uhr

Die Markthalle bietet Einblick in die mexikanisch-amerikanische Kultur. Die Speisen sind authentisch.

8 Self-Help Graphics & Arts

Karte E2 ■ 1300 E First St, East L.A. ■ +1-323-881-6444 ■ Galerie: Di–Fr 9–17 Uhr, Sa 10–16 Uhr

Das gemeinnützige Druck- und Kunstzentrum kümmert sich mit Workshops und Ausstellungen um die lateinamerikanische Gemeinde.

9 Mariachi Plaza

Karte E2 ■ Ecke Boyle Ave & 1st St, East L.A.

Schwarz gekleidete Mariachi-Musiker warten in dem kleinen Park auf ein Engagement für den Abend.

10 Brewery Arts Complex

Karte E2 ■ 2100 N Main St, Lincoln Heights ■ +1-323-441-9593 ■ Galerie: Fr–So nach Vereinbarung

Die Künstlerkolonie organisiert zweimal jährlich Atelierführungen.

University of Southern California

Restaurants

1 Maddalena Restaurant

Karte E2 ■ 737 Lamar St, Lincoln Heights ■ +1-323-223-1401 ■ So – Do ab 19 Uhr, Sa ab 20 Uhr geschl. ■ tägl. Führungen ■ $$

Das italienische Restaurant im Keller der San Antonio Winery *(siehe S. 85)* ist ein beliebter Ort zum Lunch.

Maddalena Restaurant

2 Langer's Delicatessen

Karte E2 ■ 704 S Alvarado St ■ +1-213-483-8050 ■ So geschl. ■ $

Das Pastrami-Sandwich des jüdischen Lokals ist umwerfend gut.

3 El Tepeyac Café

Karte E2 ■ 812 N Evergreen Ave, East L.A. ■ +1-323-267-8668 ■ keine Kreditkarten ■ $

Im beliebtesten Burrito-Lokal der Stadt locken die Kreationen mit Schweinefleisch und Guacamole ganze Scharen an.

Burritos, El Tepeyac Café

4 Papa Cristo's Taverna

Karte D2 ■ 2771 W Pico Blvd, Koreatown ■ +1-323-737-2970 ■ Mo geschl. ■ $

Im netten Lokal neben der St. Sophia Cathedral *(siehe S. 86)* kann man viel und lecker griechisch essen.

5 Soot Bull Jeep

Karte D2 ■ 3136 8th St, Koreatown ■ +1-213-387-3865 ■ $

Das koreanische Lokal lässt Gäste das marinierte Fleisch selbst grillen.

Preiskategorien

Preis für ein Drei-Gänge-Menü pro Person mit einem Glas Hauswein, inkl. Steuern und Service.

$ unter 25 $ **$$** 25 – 50 $ **$$$** 50 – 80 $ **$$$$** über 80 $

6 Guelaguetza

Karte D2 ■ 3014 W Olympic Blvd, Koreatown ■ +1-213-427-0601 ■ $

Das lebhafte südmexikanische Restaurant ist für köstliche *moles* (Saucen mit Gewürzen, Nüssen, Chili und Schokolade) bekannt.

7 HMS Bounty

Karte D2 ■ 3357 Wilshire Blvd ■ +1-213-385-7275 ■ $$

Der beliebte historische Treff im Seemannsstil serviert Steaks, Pub-Klassiker und günstige Drinks. Manchmal sind hier Dreharbeiten im Gange.

8 Taylor's Steakhouse

Karte D2 ■ 3361 W 8th St, Koreatown ■ +1-213-382-8449 ■ $$

Jedes der köstlichen Steaks, die man hier in 1950er-Jahre-Kunstledernischen genießt, ist in etwa so groß wie ein Baseballhandschuh.

9 El Cholo

Karte D2 ■ 1121 S Western Ave, Koreatown ■ +1-323-734-2773 ■ $

Das meist voll besetzte mexikanische Café verwöhnt seine Gäste bereits seit 1923 mit Fajitas, Burritos und starken Margaritas.

10 Taix French Country Cuisine

Karte D2 ■ 1911 Sunset Blvd, Echo Park ■ +1-213-484-1265 ■ $$

Das Restaurant, seit 1927 in Familienbesitz, serviert Klassiker der französischen Landküche wie Hähnchen mit *Sauce bordelaise* zu vernünftigen Preisen. Die Suppen sind ebenfalls sehr zu empfehlen.

Siehe Karte S. 84

TOP 10 Pasadena

Der älteste Vorort von L.A. ist heute eine eigenständige Stadt. Pasadena zog viele Reiche an, die das europäische Flair bewahren wollten. In den Straßen stehen prächtige Villen wie das Gamble House im Craftsman-Stil. In der Altstadt befinden sich heute Restaurants und Läden. Am 1. Januar steigt das Tournament of Roses mit einer Parade und einem Footballspiel. Zu den Hauptattraktionen Pasadenas zählen das Rose-Bowl-Stadion und die Huntington Gardens.

In der Rose Bowl endet das jährliche Tournament of Roses mit Collegefootball

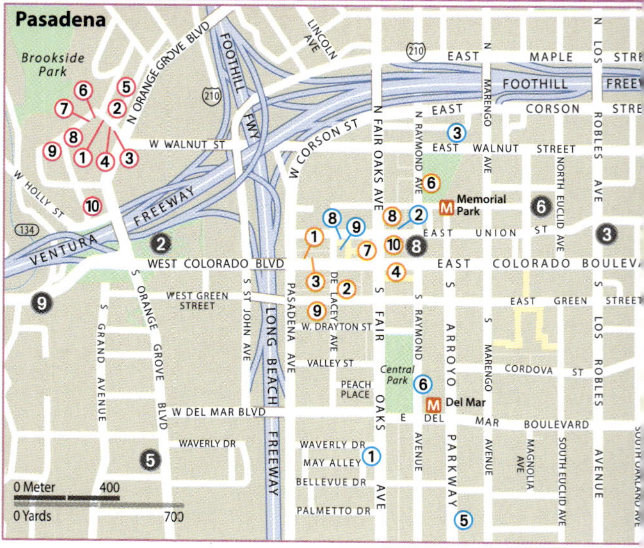

1 Rose Bowl

Karte E1 ■ 1001 Rose Bowl Dr ■ +1-626-577-3100 ■ Führungen: letzter Fr im Monat 10.30 & 12.30 Uhr ■ www.rosebowlstadium.com

Pasadenas berühmtestes Wahrzeichen rückt an Neujahr in den Fokus, wenn zwei der besten Collegeteams im Football um die Rose Bowl Game Trophy kämpfen. Collegefootball wurde erstmals 1902 Teil des Tournament of Roses. Damals gewann Michigan gegen Stanford mit 49 : 0. Die ursprünglich hufeisenförmige Anlage wurde vergrößert und bietet nun mehr als 90 000 Sitzplätze.

Gemäldeausstellung im Norton Simon Museum

2 Norton Simon Museum

Karte E1 ■ 411 W Colorado Blvd ■ +1-626-449-6840 ■ Do–Mo 12–17 Uhr ■ Eintritt (Studenten mit Ausweis frei) ■ www.nortonsimon.org

Das Kunstmuseum verdankt seine Existenz dem erfolgreichen Unternehmer Norton Simon, der Hunderte von Gemälden von der Renaissance bis ins 20. Jahrhundert sowie Skulpturen aus Indien und Südostasien sammelte. Das Museum präsentiert Meister wie Rembrandt und Goya sowie Impressionisten wie Renoir, Cézanne, Monet und Degas *(siehe S. 94)*. Die Umgestaltung durch Stararchitekt Frank Gehry verbesserte die Lichtverhältnisse in den Ausstellungsräumen. Im von Monets Anwesen in Giverny inspirierten Garten stehen Skulpturen, darunter Rodins *Denker*.

3 Pacific Asia Museum

Karte E1 ■ 46 N Los Robles Ave ■ +1-626-787-2680 ■ Mi–So 11–17 Uhr ■ Eintritt (2. So im Monat frei) ■ www.pacificasiamuseum.usc.edu

Die Kunstsammlerin Grace Nicholson begeisterte sich für asiatische Kultur und ließ ihr Haus nach dem Vorbild chinesischer Paläste erbauen. Es dient heute als Museum und birgt rund 14 000 Artefakte aus Asien und Ozeanien. Zur Sammlung gehören Masken aus Neuguinea, Farbdrucke der japanischen Meister Hokusai und Hiroshige sowie Webarbeiten aus Pakistan.

4 The Huntington

Das imposante Anwesen ist das Vermächtnis Henry Edwards Huntingtons (1850–1927), der mit Immobilien reich wurde und die ersten Regionalbahnen der Stadt besaß *(siehe S. 28–31)*.

5 Wrigley Mansion & Gardens

Karte E2 ▪ 391 S Orange Grove Blvd ▪ +1-626-449-4100 ▪ Führungen: Zeiten tel. oder online erfragen ▪ www.tournamentofroses.com

William Wrigley Jr., Erfinder des bekannten Kaugummis, lebte luxuriös. Wrigleys Residenz in Pasadena, eine 1720 Quadratmeter große Renaissancevilla *(siehe S. 52)*, heißt offiziell Tournament House, da hier die Tournament of Roses Association, die die Rose Parade und das Rose Bowl Game organisiert, ihren Sitz hat. Im Haus sind Rose-Queen-Kronen, Trophäen und Fotos ausgestellt.

Wrigley Mansion & Gardens

6 Pasadena Civic Center

Karte E1 ▪ City Hall: 100 N Garfield Ave, +1-626-744-4000 ▪ Civic Auditorium: 300 E Green St, +1-626-449-7360 ▪ Main Library: 285 E Walnut St, +1-626-744-4052

Der große Komplex wurde von der City-Beautiful-Bewegung Anfang des 20. Jahrhunderts inspiriert. Er umfasst drei Beaux-Arts-Bauwerke – Main Library, Civic Auditorium und City Hall – entlang einer Mittelachse. Die Bibliothek entwarf Myron Hunt.

7 California Institute of Technology (CalTech)

Karte E1 ▪ 1200 E California Blvd ▪ +1-626-395-4654 ▪ Campus: rund um die Uhr ▪ Architekturführungen (90 Min): 4. Do im Monat 10.30 Uhr (ab Athenaeum, 551 South Hill Ave) ▪ www.caltech.edu

Das CalTech, ein weltweit führendes Wissenschaftsinstitut und Vorreiter in der Molekularbiologie, zählt unter seinen Absolventen und Mitarbeitern 34 Nobelpreisträger (darunter sogar ein zweifacher). Es ging aus einer Kunsthandwerksschule hervor, die Amos G. Throop 1891 gegründet hatte. Die Spezialisierung auf Natur-

Doo Dah Parade

Der absurde und verrückte Umzug begann einst als respektlose Veräppelung der ehrwürdigen Rose Parade und findet seit 1978 alljährlich im Juni statt. Bei der Parade jubeln etwa 40 000 Zuschauer am Colorado Boulevard den teilnehmenden Gruppen wie dem Synchronized Precision Briefcase Drill Team, den Marching Lumberjacks oder den West Hollywood Cheerleaders zu.

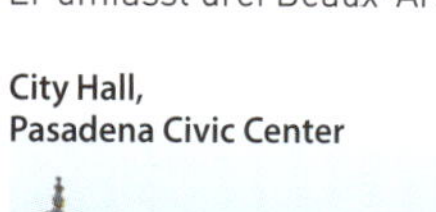

City Hall, Pasadena Civic Center

wissenschaften begann 1907 mit dem Astronomen George E. Hale.

8 Old Pasadena

Karte E1 ■ Colorado Blvd, zwischen Marengo Ave & Pasadena Ave ■ Castle Green: 50 E Green St

Pasadenas historisches Geschäftsviertel war vor der Renovierung eher schäbig. Heute sind in den reizvollen Ziegelbauten u. a. Boutiquen, Restaurants und Buchläden untergebracht. Ein kleiner Umweg führt Sie zum eindrucksvollen Castle Green von 1898. Das heutige Apartmenthaus war einst ein luxuriöses Hotel.

9 Colorado Street Bridge

Karte E1 ■ Court of Appeals: 125 S Grand Ave

Die Bogen der restaurierten Brücke von 1913 überspannen den Arroyo Seco (»trockener Bach«), eine Schlucht, die in den San Gabriel Mountains beginnt. Im Hotel Vista del Arroyo (1903) tagt der Ninth Circuit Court of Appeals. Der örtliche Geschichtsverein veranstaltet jeden Juli ein Straßenfest auf der Brücke.

Colorado Street Bridge

10 Pasadena Playhouse

Karte E1 ■ 39 S El Molino Ave +1-626-356-7529 ■ Ticketschalter: Di–Sa 12–18 Uhr, So 12–16 Uhr www.pasadenaplayhouse.org

Das offizielle Staatstheater von Kalifornien wurde 1917 gegründet und zog 1925 in dieses historische Gebäude. Das Theater im Stil des Spanish Colonial Revival ist heute auch eine renommierte Schauspielschule und das Zentrum des Playhouse District mit seinen Unterhaltungs- und Shoppingmöglichkeiten.

Spaziergang

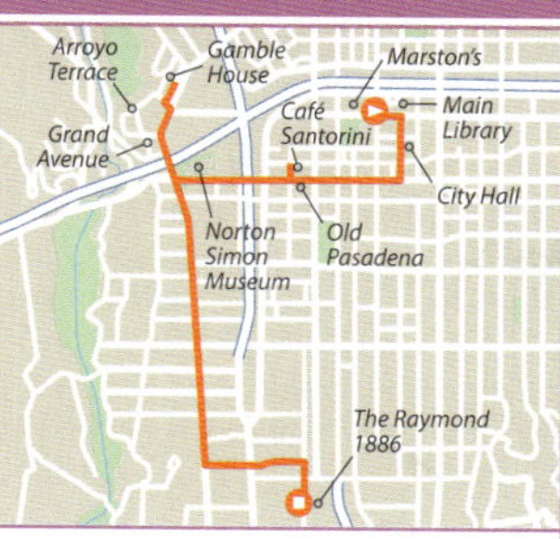

Vormittags

Die klassische Art, in Pasadena den Tag zu beginnen, ist ein Pfannkuchen-Frühstück im **Marston's** *(siehe S. 97)*. Gut gestärkt folgen Sie dann der Walnut Street ein paar Blocks Richtung Osten, um das Pasadena Civic Center – die schöne **Main Library** und die majestätische **City Hall** – zu bestaunen. Südlich verläuft der Colorado Boulevard, der Sie westwärts nach **Old Pasadena** – heute ein Restaurant- und Shoppingviertel – führt. Betrachten Sie beim Bummel durch die hübschen Läden auch die alten, liebevoll restaurierten Fassaden. Einen Snack gibt es dann im **Café Santorini** *(siehe S. 97)*.

Nachmittags

Nach dem Essen geht es auf dem Colorado Boulevard nach Westen, dann rechts auf dem Orange Grove Boulevard bis zum **Gamble House** *(siehe S. 95)*, um dort an einer Führung teilzunehmen. Das Haus gilt als Hauptwerk von Charles und Henry Greene, Vorreiter in Sachen Craftsman-Stil. Liebhaber dieses Architekturstils können an **Arroyo Terrace** und **Grand Avenue** weitere Häuser der Brüder besichtigen. Dann geht es zurück zum Colorado Boulevard, wo das vorzügliche **Norton Simon Museum** auf einen Besuch wartet. Im Garten sind Erfrischungen erhältlich. Den perfekten Abschluss des Tages bildet ein Dinner im **The Raymond 1886** *(siehe S. 97)*, einem der ältesten und beliebtesten Lokalen der Stadt.

Siehe Karte S. 90f

Kunstwerke im Norton Simon Museum

① *Madonna mit Kind und Buch*

Der Renaissancekünstler Raffael (1483–1520) schuf das Werk im Alter von 19 Jahren – ein perfektes Beispiel für die geometrische Ausgewogenheit seiner Kompositionen sowie für die Spiritualität und Zartheit seiner Figuren.

② *Selbstporträt*

Kein anderer Künstler hat so viele Selbstbildnisse hinterlassen wie Rembrandt (1606–1669). Das elegante Gewand, die feine Baskenmütze und die Goldkette betonen seinen sozialen Status als viel beschäftigter Künstler.

③ *Stillleben mit Zitronen, Orangen und einer Rose*

Dieses Stillleben von Francisco de Zurbarán (1598–1664) zeigt die gleichen hellen Farben und minutiösen Details wie seine Heiligen- und Klerikerporträts.

④ *Triumph der Tugend und Ehrenhaftigkeit*

Rokoko-Meister Giovanni Battista Tiepolo (1696–1770) ist für seine Deckenfresken bekannt. Auch dieses Gemälde zeigt kühne Farbgebung und Komposition.

⑤ *Garten des Künstlers in Vétheuil*

Claude Monet (1840–1926) überblickte von seinem Haus an der Seine diesen sonnigen Garten voller Blumen.

⑥ *Kleine 14-jährige Tänzerin*

Tänzerinnen faszinierten den Maler und Bildhauer Edgar Degas (1834–1917). Diese feine Skulptur gehört zu seinen schönsten. Sie ist teilweise bemalt, trägt einen Tüllrock und echtes Haar.

Alter provenzalischer Bauer, Van Gogh

⑦ *Alter provenzalischer Bauer*

Vincent van Gogh (1853–1890) malte den Gärtner und Schäfer Patience Escalier vor nachtblauem Hintergrund »wie einen Stern am azurblauen Himmel«.

⑧ *Exotische Landschaft mit spielenden Affen*

Henri Rousseau (1844–1910), bekannt für poetische, »naive« Bilder von grünen Traumwelten, malte dieses Werk kurz vor seinem Tod.

⑨ *Frau mit Buch*

Ein Highlight unter den Werken Pablo Picassos (1881–1973) ist dieses Bild seiner Geliebten Marie-Therèse Walter. Die melancholische Stimmung kontrastiert mit den melodramatischen Farben.

⑩ *Blatt im Wind*

Agnes Martin (1912–2004) war eine führende Vertreterin des abstrakten Expressionismus und des Minimalismus. Dieses große Werk zeigt ihre Fähigkeit, reine Formen mit zarter Hand darzustellen.

Kleine 14-jährige Tänzerin von Degas

Häuser im Craftsman-Stil von Greene & Greene

1 Van Rossem-Neill House (1903)

Karte E1 ■ 400 Arroyo Terrace

Das von einer Mauer aus krummen Ziegeln umgebene Haus hat eine Eingangstür mit Buntglaselementen.

2 Cole House (1906)

Karte E1 ■ 2 Westmoreland Pl

Bei dem großen Wohnhaus war erstmals eine *porte-cochère* – eine portikusartige Überdachung – zu sehen.

3 Ranney House (1907)

Karte E1 ■ 440 Arroyo Terrace

Mary Ranney, technische Zeichnerin bei den Greenes, lieferte viele Ideen für dieses hübsche Schindelhaus.

4 Hawks House (1906)

Karte E1 ■ 408 Arroyo Terrace

Das Wohnhaus besitzt eine breite, überdachte Veranda, die weder große Hitze noch viel Licht ins Innere lässt. Deshalb wirken die Innenräume recht düster.

5 Gamble House (1908)

Karte E1 ■ 4 Westmoreland Pl ■ +1-626-793-3334 ■ Führungen: Zeiten tel. oder online erfragen ■ Eintritt (unter 12 Jahren frei) ■ www.gamblehouse.org

Das handwerkliche Meisterstück *(siehe S. 49)* ist eine Symphonie aus Holz, Bleiglasfenstern und einer Tür aus Tiffany-Glas.

6 White Sisters House (1903)

Karte E1 ■ 370 Arroyo Terrace

Das Haus büßte sehr viel vom Craftsman-Stil ein, als man die Schindeln an der Fassade durch bemalten Stuck ersetzte.

7 Charles Sumner Greene House (1901–16)

Karte E1 ■ 368 Arroyo Terrace

Charles Greene experimentierte an seinem eigenen Haus mit einer Reihe von Ideen. Der Vorraum, den Gesteinsblöcke stützen, wurde später hinzugefügt.

8 Duncan-Irwin House (1902)

Karte E1 ■ 240 N Grand Ave

Das schöne große Wohnhaus, einst nur ein einstöckiger Bungalow, zeigt mit nach oben gebogenen Dächern japanischen Einfluss.

9 James Culbertson House (1902–15)

Karte E1 ■ 235 N Grand Ave

Die Bleiglastür, die Klinkermauer und die Pergola sind die einzigen Originalelemente an dem sonst weitgehend umgestalteten Haus.

10 Halsted House (1905)

Karte E1 ■ 90 N Grand Ave

Der Bungalow ist eines der kleinsten Gebäude der Brüder Greene. Er weist über dem Eingang einen tiefen Dachvorsprung auf.

Gamble House

Siehe Karte S. 90f

Shopping in Old Pasadena

1 Urban Outfitters

Karte E1 ■ 139 W Colorado Blvd ■ +1-626-449-1818

Hippe Mode, Retro-Outfits, Schuhe, Souvenirs und Haushaltswaren sind hier unter einem Dach erhältlich.

Schaufenster von Urban Outfitters

2 Cigars by Chivas

Karte E1 ■ 58 S De Lacey Ave ■ +1-626-395-7475

Der Laden besitzt einen begehbaren Humidor mit Zigarren aus aller Welt und einen Lounge-Bereich, in dem Sie sie probieren können.

3 Restoration Hardware

Karte E1 ■ 127 W Colorado Blvd ■ +1-626-795-7234

Das Retro-Imperium, spezialisiert auf klassische Möbel und stilechte Accessoires, führt auch modisches Wohnzubehör.

4 Lather

Karte E1 ■ 17 E Colorado Blvd ■ +1-626-396-9636

Der »moderne Apotheker« verwendet für seine Hautpflegeprodukte nur natürliche Zutaten. Die Olivenseife wird nach Gewicht verkauft.

5 Vroman's Bookstore

Karte E1 ■ 695 E Colorado Blvd ■ +1-626-449-5320

Vroman's ist seit 1894 erfolgreich. Das Personal ist kompetent und hilfsbereit, es gibt Signierstunden, Lesungen und ein Café.

6 Everson Royce

Karte E1 ■ 155 N Raymond Ave ■ +1-626-765-9334

Hier gibt es eine gute Auswahl an Bier, Spirituosen und Wein – manches davon biologisch, biodynamisch und naturbelassen.

7 J. Crew

Karte E1 ■ 3 W Colorado Blvd ■ +1-626-568-2739

Der Laden des bekannten Versandhauses führt stilvolle Kleidung und Accessoires für Damen und Herren zu vernünftigen Preisen.

8 Homage

Karte E1 ■ 100 N Fair Oaks Ave ■ +1-626-440-7244

Von Schmuck über kleine Kunstwerke und Karten bis hin zu ausgefallenen Geschenken und Wohnaccessoires - dieser Shop verkauft einheimisches Kunsthandwerk und hochwertiges Geschenkpapier.

9 Old Pasadena Pharmacy

Karte E1 ■ 155 S De Lacey Ave ■ +1-626-844-5000

Dies ist nicht nur eine Apotheke, hier sind auch Geschenke, Kosmetika, Accessoires und Bier erhältlich.

10 Gold Bug

Karte E1 ■ 34 E Union St ■ +1-626-744-9963

Die außergewöhnliche Boutique bietet Schmuck, Kunstobjekte, Wohnaccessoires und Skurrilitäten aus natürlichen Materialien.

Auslage bei Gold Bug

Restaurants

Preiskategorien
Preis für ein Drei-Gänge-Menü pro Person mit einem Glas Hauswein, inkl. Steuern und Service.

$ unter 25 $ $$ 25–50 $ $$$ 50–80 $
$$$$ über 80 $

1 Saladang Garden

Karte E2 ■ 383 S Fair Oaks Ave ■ +1-626-793-5200 ■ $$

Exotische Aromen und ein postmoderner Patio machen das Thai-Restaurant sehr beliebt.

2 Union Restaurant

Karte E1 ■ 37 E Union St ■ +1-626-795-5841 ■ $$

Norditalien trifft Kalifornien, heißt es in dem gemütlichen Restaurant. Aus regionalen Zutaten entstehen Gerichte in Probierportionen.

3 Marston's

Karte E1 ■ 151 E Walnut St ■ +1-626-796-2459 ■ Mo geschl. ■ $

Beginnen Sie den Tag mit Blaubeerpfannkuchen, French Toast oder einem anderen leckeren Frühstück.

4 The Raymond 1886

Karte E2 ■ 1250 S Fair Oaks Ave, Ecke Columbia St ■ +1-626-441-3136 ■ Mo geschl. ■ $$$

Das Lokal in einem Landhaus im Craftsman-Stil serviert amerikanische Klassiker sowie einige wenige Gerichte für Vegetarier.

5 Parkway Grill

Karte E1 ■ 510 S Arroyo Parkway ■ +1-626-795-1001 ■ $$$

Frischeste Bioerzeugnisse werden hier zu perfekten kalifornischen Speisen verarbeitet.

6 La Grande Orange Cafe

Karte E1 ■ 260 S Raymond Ave ■ +1-626-356-4444 ■ $$

Das familienfreundliche Restaurant im restaurierten Bahnhof Del Mar (vor der Tür ist eine Haltestelle der Gold Line) bietet eine Karte voller amerikanischer und kalifornischmexikanischer Klassiker mit besonderer Note. An den Tischen im Freien kann man herrlich brunchen.

Tische im La Grande Orange Cafe

7 Bistro 45

Karte E1 ■ 45 S Mentor Ave ■ +1-626-795-2478 ■ Mo geschl. ■ $$$

Das edle Bistro in einem restaurierten Art-déco-Gebäude bietet exzellente französische Gerichte und eine hervorragende Weinkarte. Auf der Speisekarte sind auch ein paar vegetarische Optionen zu finden.

8 Café Santorini

Karte E1 ■ 64 W Union St ■ +1-626-564-4200 ■ $$

Die Tische auf der Terrasse sind an milden Sommerabenden sehr begehrt. Hier speist man griechisch und italienisch.

9 Sushi Roku

Karte E1 ■ 33 Miller Alley ■ +1-626-683-3000 ■ $$$

Klassisches Sushi und neue asiatische Kreationen locken stets viele Gäste in das nette Lokal.

10 Zankou Chicken

Karte E1 ■ 1296 E Colorado Blvd ■ +1-626-405-1502 ■ $

Das armenische Lokal serviert *tarna* (Huhn mit Hummus, Salat und Knoblauchsauce) und *shawarma* (Kebab).

Siehe Karte S. 90f

TOP 10 Hollywood

Walk of Fame, Hollywood Boulevard

Hollywood ist eine Stadt, eine Industrie und eine Illusion. Auf dem Hollywood Boulevard ist dies hautnah zu erleben. Hier stand die Wiege des Films, hier feierte man dessen Goldenes Zeitalter, und hier kam es mit der Wegzug der Studios zum jähen Absturz. Do der Boulevard erlebte eine Wiedergeburt: Das Hollywood & Highland Center wurde errichtet, und die Filmpaläste laden wieder zu Premieren ein. Die Rolle Hollywoods als Museum wird am Hollywood Sign, auf dem Walk of Fame und in den Bars, die sich Gäs- ten wie Ernest Hemingway rühmen, deutlic

Hollywood

0 Meter 500
0 Yards 500

Hollywood Freeway
Outpost Dr
Tilos Rd
Hillcrest Road
Fitch Drive
Highland Avenue
Franklin Avenue
N La Brea Ave
Hollywood Blvd
Hollywood/Highland
Hawthorn Ave
Selma Avenue
Ivar Avenue
Vine Street
Hollywood/Vine
West Sunset Boulevard
West Sunset Blvd
N Gower Street
North Bronson Avenue
De Longpre Avenue
N Formosa Ave
N La Brea Avenue
N Highland Avenue
Seward Street
N Cahuenga
Fountain Avenue
Lexington Avenue
Santa Monica Boulevard
Romaine Street
Willoughby Avenue
Cahuenga Boulevard
N El Centro Avenue
Waring Ave
Hollywood Forever Cemetery
Melrose Avenue

Umgebung von Hollywood

0 km 5
0 Meilen

Hollywood Reservoir
Griffith Park
Große Karte
Los Feliz Blvd
Sunset Blvd
Santa Monica Boulevard
Melrose Ave
N Western Avenue
Vermont/Santa Monica

Top-10-Attraktionen *siehe S. 99–101*

Restaurants *siehe S. 103*

Bars & Clubs *siehe S. 102*

① Hollywood Sign

Karte D2 ▪ www.hollywoodsign.org

Mit den 1923 für 21 000 Dollar errichteten, 14 Meter hohen Lettern auf dem Mount Lee warb der Immobilienhändler und Verleger Harry Chandler einst für »Hollywoodland«. Sie waren von 4000 Glühbirnen erleuchtet und hatten ihren eigenen Wächter. Das Wahrzeichen wurde 1978 für mehr als 250 000 Dollar restauriert. Informationen zur Geschichte und Wanderwege in der Nähe des Hollywood Sign bietet die Website *(siehe auch S. 100)*.

② Hollywood Heritage Museum

Karte P1 ▪ 2100 N Highland Ave ▪ +1-323-874-2276 ▪ Fr–So 11–15 Uhr ▪ Eintritt ▪ www.hollywoodheritage.org

Die Scheune, in der Jesse Lasky und Cecil B. DeMille 1913 das erste große Hollywoodstudio gründeten, ist heute ein Museum. Sie stand einst an der Ecke Selma Avenue/Vine Street, wo DeMille 1913/14 mit *The Squaw Man* auch den ersten Spielfilm drehte. Zu sehen sind u. a. ein nachgebautes Studio, Fotos und Erinnerungen aus der Stummfilmzeit.

③ Paramount Pictures Studios

Karte R4 ▪ 5555 Melrose Ave ▪ +1-323-956-1777 ▪ www.paramountstudios.com

Das letzte große Studio in Hollywood produzierte 1916 erstmals Filme mit dem Paramount-Logo. 1929 erhielt es für *Wings* den ersten Oscar für den besten Film. Paramount ist für Klassiker wie *Psycho*, *Der Pate*, *Forrest Gump* und *Titanic* bekannt. Zweistündige Touren werden täglich *(siehe S. 61)*, VIP-Touren (4,5 Std.) mit Bewirtung montags bis freitags (9.30 & 13 Uhr) angeboten.

Eingang zu den Paramount Studios

④ Hollywood Boulevard

Karte P2

Hollywoods Hauptschlagader war vor dem Zweiten Weltkrieg eine der schillerndsten Straßen des Viertels. Sie wurde in jüngster Zeit neu belebt. Wahrzeichen des neuen Erscheinungsbilds ist das extravagante Hollywood & Highland Center, aber auch Klassiker wie das TCL Chinese Theatre und der Walk of Fame besitzen wieder Glanz *(siehe S. 12f)*.

Hollywood Boulevard

Mausoleum von William Andrews Clark Jr. auf dem Hollywood Forever Cemetery

5 Hollywood Forever Cemetery

Karte R3 ▪ 6000 Santa Monica Blvd ▪ +1-323-469-1181 ▪ tägl. ▪ www.hollywoodforever.com

Auf dem 1899 gegründeten Friedhof werden Stars beerdigt, u. a. sind Rudolph Valentino, Jayne Mansfield und Cecil B. DeMille hier bestattet. Das größte Monument des Friedhofs ist Douglas Fairbanks gewidmet. In dem Marmorgrab liegt seit 2000 auch dessen Sohn Douglas Fairbanks Jr. begraben. Im Blumenladen ist ein Lageplan erhältlich.

Konzert in der Hollywood Bowl

6 Hollywood Bowl

Karte P1 ▪ 2301 N Highland Ave ▪ +1-323-850-2000 ▪ Konzerte: Mai–Okt ▪ www.hollywoodbowl.com

Ein Konzertbesuch im weltgrößten natürlichen Rundtheater gehört in Los Angeles zum Sommer wie Barbecues und Strandpartys. Seit 1922 sind auf der Bühne bereits Stars wie Frank Sinatra, Luciano Pavarotti, The Beatles, Pink Floyd und die britische Komikertruppe Monty Python aufgetreten. Das Muscheldach, das Frank Lloyd Wright im Jahr 1924 entwarf, sorgte für eine Verbesserung der Akustik.

7 Los Feliz & Silver Lake

Karte D2 ▪ Ennis House: 2655 Glendower Ave ▪ Lovell House: 4616 Dundee Dr ▪ Red Line nach Los Feliz (U-Bahn-Station: Vermont)

Die beiden Viertel bilden eines der ältesten Filmzentren der Stadt. Sie bieten schicke Lokale, Läden und Clubs. Auf den Hügeln stehen imposante modernistische Bauwerke wie Frank Lloyd Wrights Ennis House und Richard Neutras Lovell House, die allerdings nicht öffentlich zugänglich sind.

Hollywood Sign

Im Lauf der Zeit büßte der berühmte Schriftzug nicht nur vier Buchstaben ein, sondern auch – wie ganz Hollywood – seinen Glanz. 1978 gab es eine Kampagne zur Rettung des Wahrzeichens. Unterstützung boten Spendensammler wie Hugh Hefner und freigiebige Stars wie Alice Cooper, der Groucho Marx zu Ehren das zweite »O« erwarb.

8 Cinerama Dome

Karte Q3 ▪ +1-323-464-4226 ▪ www.arclightcinemas.com

Das außergewöhnliche Kino mit der weißen Kuppel aus Dreiecken ist ein Wahrzeichen Hollywoods. Welton Beckett erbaute 1963 die geodätische Kuppel aus Beton, um Cinerama-Filme zu präsentieren – eine Breitbildtechnik, die drei 35-mm-Projektoren erforderte. Zu dem Komplex gehören auch die ArcLight Cinemas *(siehe S. 62)*.

Im Hollyhock House

9 Hollyhock House

Karte D2 ▪ 4800 Hollywood Blvd ▪ +1-323-913-4030 ▪ Zeiten tel. oder online erfragen ▪ Eintritt (unter 12 Jahren frei) ▪ www.barnsdall.org

Frank Lloyd Wright baute die Villa im Maya-Stil 1921 für die Ölerbin Aline Barnsdall. Im ganzen Haus – heute ein Kunstzentrum – finden sich Bilder der Stockrose *(hollyhock)*, der Lieblingsblume von Barnsdall.

10 Crossroads of the World

Karte P3 ▪ 6671 Sunset Blvd

Mittelpunkt der architektonischen Metapher ist ein schiffsförmiger Art-déco-Bau, der in einen Hof »segelt«. Diesen säumen Bauten in verschiedensten Stilen – vom spanischen Kolonialstil bis zum deutschen »Lebkuchenhaus-Stil«. Der Komplex wurde 1936 von Robert Derrah erbaut, der auch die Coca-Cola Bottling Plant *(siehe S. 81)* entwarf.

Spaziergang

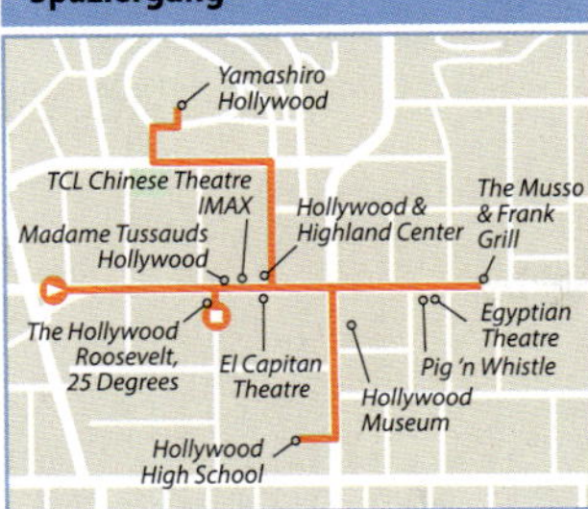

Vormittags

Von der Ecke La Brea Avenue/ Hollywood Boulevard geht es gen Osten zum Hotel **The Hollywood Roosevelt** *(siehe S. 12 & S. 145)*, wo einst Oscars verliehen wurden, und zum **TCL Chinese Theatre IMAX** *(siehe S. 12 & S. 63)* mit den Fußabdrücken der Stars. Eine Rolltreppe führt ins große **Hollywood & Highland Center** *(siehe S. 13)*, das neben Läden auch Blick auf Hollywood Sign und **El Capitan Theatre** *(siehe S. 63)* bietet. Cineasten sollten einen Blick ins **Hollywood Museum** (1660 N Highland Ave) werfen, bevor es auf dieser Straße weiter zur **Hollywood High School**, der Alma Mater von Laurence Fishburne, geht. Zurück auf dem Hollywood Boulevard können Sie in Hausnummer 6933 bei **Madame Tussauds Hollywood** ein paar Fotos von sich und den Stars schießen, bis Sie der Hunger schließlich nach Osten ins **Pig 'n Whistle** *(siehe S. 103)* zieht.

Nachmittags

Auf dem Hollywood Boulevard geht es weiter, vorbei am exotischen **Egyptian Theatre** *(siehe S. 13 & S. 62)* und an **The Musso & Frank Grill** *(siehe S. 103)*, Hollywoods ältestem Restaurant und Stammlokal von Chaplin, Hemingway und anderen Berühmtheiten. Im **Yamashiro Hollywood** *(siehe S. 102)* erwartet Sie ein Drink bei Sonnenuntergang, im angesagten **25 Degrees** (The Hollywood Roosevelt, 7000 Hollywood Blvd) ein Burger und ein Guinness-Milchshake.

Siehe Karte S. 98

Bars & Clubs

Das Boardner's von 1942 ist eine Bar im Art-déco-Stil

1 Boardner's

Karte P2 ■ 1652 N Cherokee Ave ■ +1-323-462-9621 ■ www.boardners.com

Die historische Bar bietet eine große Tanzfläche und Liveunterhaltung.

2 The Room Hollywood

Karte Q2 ■ 1626 N Cahuenga Blvd ■ +1-866-687-4499 ■ www.theroomhollywood.com

In dem stylishen Club tanzt man zu Hip-Hop, R&B und gelegentlich zu Classic Rock.

3 The Woods

Karte P2 ■ 1533 N La Brea Ave ■ +1-323-876-6612 ■ www.thewoodshollywood.com

Die Tiki-Lounge mit Livemusik liegt in einer Mini-Mall.

4 Next Door Lounge

Karte P2 ■ 1154 N Highland Ave ■ +1-213-693-1530 ■ www.nextdoorhollywood.com

Eine Tanzfläche, Liveunterhaltung, Cocktails und Shows am Wochenende sorgen für beste Stimmung.

5 Good Times at Davey Wayne's

Karte Q2 ■ 1611 N El Centro Ave ■ +1-323-962-3804 ■ www.goodtimesatdaveywaynes.com

Die Retro-Bar serviert Tiki-Drinks und Snow Cones mit Alkohol.

6 Yamashiro Hollywood

Karte P2 ■ 1999 N Sycamore Ave ■ +1-323-466-5125 ■ www.yamashirohollywood.com

Den Drinks bei Sonnenuntergang mit Stadtblick kann ein Dinner im japanischen Restaurant folgen.

7 Academy LA

Karte Q2 ■ 6021 Hollywood Blvd ■ +1-323-785-2680 ■ www.academy.la

Tickets für die angesagten Top-DJs und Electronic-Bands sind begehrt und schnell vergriffen.

8 Frolic Room

Karte Q2 ■ 6245 Hollywood Blvd ■ +1-323-462-5890

Die Barkeeper tragen Fliege und Weste. Die Musik kommt aus der Jukebox.

9 Formosa Café

Karte P3 ■ 7156 Santa Monica Blvd ■ +1-323-850-1009 ■ www.theformosacafe.com

In dem Lokal genossen bereits Humphrey Bogart und Marilyn Monroe Mai Tais und kalifornisch-asiatische Küche.

10 Burgundy Room

Karte P2 ■ 1621 N Cahuenga Blvd ■ +1-323-465-7530

Die Bar serviert gute Drinks zu Musik von Country & Western bis Punk.

Restaurants

1 Jones Hollywood

Karte N3 ■ 7205 Santa Monica Blvd ■ +1-323-850-1726 ■ Sa & So mittags geschl. ■ $$$

Pizza mit dünner Kruste, Spaghetti mit Fleischbällchen und der vielleicht beste Apfelkuchen der Stadt sorgen hier für volle Tische.

2 Marino

Karte Q4 ■ 6001 Melrose Ave ■ +1-323-466-8812 ■ $$$$

Das 50 Jahre alte Lokal ist bekannt für klassische New Yorker Gerichte im italienischen Stil und eine umfangreiche Weinkarte.

3 Providence

Karte Q4 ■ 5955 Melrose Ave ■ +1-323-460-4170 ■ $$$

Frisches Seafood, Probiermenüs und eine große Weinkarte sind die Highlights des Lokals *(siehe S. 66)*.

Originalverzierungen im Pig 'n Whistle

4 Pig 'n Whistle

Karte P2 ■ 6714 Hollywood Blvd ■ +1-323-463-0000 ■ $$

Das dunkle Holzinterieur des seit 1927 etablierten Restaurants wurde restauriert. Serviert werden u. a. Gerichte vom Schwein, aber auch etwas für Vegetarier.

Preiskategorien

Preis für ein Drei-Gänge-Menü pro Person mit einem Glas Hauswein, inkl. Steuern und Service.

$ unter 25 $ **$$** 25 – 50 $ **$$$** 50 – 80 $ **$$$$** über 80 $

5 La Numero Uno

Karte Q2 ■ 1247 Vine St ■ +1-323-957-1111 ■ $

Hier isst man mexikanisch, z. B. gebratene Kochbanane mit Bohnen und Sahne oder Yucca mit *chicharrón* (knuspriger Schweineschwarte).

6 The Musso & Frank Grill

Karte P2 ■ 6667 Hollywood Blvd ■ +1-323-467-7788 ■ $$

Steaks und Koteletts dominieren das Angebot im ältesten Restaurant von Hollywood *(siehe S. 12)*, das schon Ernest Hemingway besuchte.

7 Café Stella

Karte D2 ■ 3932 W Sunset Blvd ■ +1-323-666-0265 ■ So & Mo geschl. ■ $$

Das romantische französische Bistro besitzt einen mit Girlanden geschmückten Garten mit Olivenbäumen und duftendem Lavendel.

8 Los Balcones del Peru

Karte Q3 ■ 1360 Vine St ■ +1-323-871-9600 ■ $$

Zu peruanischen Speisen serviert das zwanglose Lokal Wein aus Argentinien und Bier aus Peru.

9 Jitlada Restaurant

Karte D2 ■ 5233 W Sunset Blvd ■ +1-323-667-9809 ■ Mo geschl. ■ $$

Das vielleicht beste Thai-Restaurant in L.A. bereitet exotische Currys und leckere Papayasalate zu.

10 Yuca's Hut

Karte D2 ■ 2056 Hillhurst Ave, Los Feliz ■ +1-323-662-1214 ■ So geschl. ■ keine Kreditkarten ■ $

Zu den leckeren mexikanischen Gerichten des Hauses zählen Tacos *cochinita pibil*.

Siehe Karte S. 98

TOP 10 West Hollywood & Midtown

Nachtschwärmer lieben die Clubs, Bars und Restaurants vo West Hollywood. Nach Sonnenuntergang erwacht der Sunse Strip zum Leben, wenn sich Produzenten un Stars ein Stelldichein geben. Das LGBT+ Viertel von L.A. erstreckt sich am Santa Monica Boulevard. Die Melrose Avenue lockt mit Boutiquen, Tattooläden, Cafés und Delis. An der Straße liegt auch das Pacific Design Center. Kunst und Kultur lassen sich weiter südlich in »Midtown« entdecken. An der Hauptstraße von Mid town, dem Wilshire Boulevard, liegen en lang der historischen Miracle Mile einige der besten Museen von Los Angeles.

Historische Tram, The Grove

Top-10-Attraktionen
siehe S. 107–109

Restaurants
siehe S. 113

Shopping in der Melrose Avenue
siehe S. 111

Bars & Clubs am Sunset Strip
siehe S. 112

Kunstsammlungen
siehe S. 110

Vorhergehende Doppelseite Bogengang, University of California, Los Angeles (UCLA)

1 The Grove

Karte N5 ▪ 189 The Grove Drive ▪ +1-323-900-8080 ▪ Mo – Do 10 – 21 Uhr, Fr & Sa 10 – 22 Uhr, So 11 – 20 Uhr ▪ www.thegrovela.com

Zu der neben dem Original Farmers Market gelegenen Freiluftmall gehören Restaurants und ein Kino mit 14 Leinwänden. Zu den Highlights zählen eine historische Tram und ein Springbrunnen mit einer Wassershow. Wie CBS Television City und der Original Farmers Market liegt The Grove auf dem ehemaligen Land der Gilmore-Familie. Der TV-Sender befindet sich an der Stelle, die einst das CBS Gilmore Stadium einnahm. Dort spielte das Baseballteam Hollywood Stars, zu dessen Besitzern u. a. Bing Crosby, Cecil B. DeMille und Barbara Stanwyck gehörten.

2 Original Farmers Market

Karte M5 ▪ 6333 W 3rd St ▪ +1-323-933-9211 ▪ So – Do 10 – 20 Uhr, Fr & Sa 10 – 21 Uhr ▪ www.farmersmarketla.com

1934 baten zwei Unternehmer den Landbesitzer E. B. Gilmore um Erlaubnis, auf einem Parkplatz seines Anwesens einen Markt einzurichten. Bald verkauften auf dem Gelände Bauern frisches Obst, Gemüse und Blumen von ihren Wagen. Viele der 150 Stände sind seit Generationen in Familienbesitz – z. B. Magee's Nuts. Scouts des nahen Senders CBS Television City suchen hier oft nach Publikum für Gameshows.

Los doce meses del año, LACMA

3 Los Angeles County Museum of Art (LACMA)

Während das Museum renoviert wird, werden wichtige Werke der Sammlung, die Tausende von Kunstwerken umfasst, in zwei Gebäuden ausgestellt *(siehe S. 20 – 23)*.

4 Sunset Strip

Der Sunset Strip ist seit den 1920er Jahren die nächtliche Vergnügungsmeile von Los Angeles und der geschichtsträchtigste Abschnitt des 40 Kilometer langen Sunset Boulevard. In den letzten Jahren gesellten sich neue Hotels und Clubs zu Institutionen wie dem Chateau Marmont, dem Whisky a Go Go, dem Viper Room oder dem Hotel Mondrian mit seiner exklusiven Skybar *(siehe S. 14f)*.

Original Farmers Market

Futuristisches Gebäude des Petersen Automotive Museum

5 Petersen Automotive Museum

Karte M6 ▪ 6060 Wilshire Blvd, Miracle Mile ▪ +1-323-930-2277 ▪ tägl. 10–17 Uhr ▪ Eintritt ▪ www.petersen.org

Die Entwicklung der Stadt vom verschlafenen Dorf zur ausufernden Megalopolis ist eng mit dem Aufstieg des Automobils verbunden. Das Museum widmet sich dessen Geschichte. Es bietet dabei viel mehr als nur schöne Oldtimer: Im Erdgeschoss können Besucher 100 Jahre Historie verfolgen. Dabei sind eine Tankstelle von 1920, ein Showroom von 1930 und ein Drive-in-Restaurant der 1950er Jahre zu sehen. Im oberen Stockwerk stehen Fahrzeuge im Mittelpunkt. Die Exponate wechseln, es sind jedoch immer frisierte Oldtimer, Motorräder und Autos dabei, die Hollywoodstars gehörten oder in Filmen zu sehen waren. Spaß für Kinder bietet das Discovery Center.

6 Avenues of Art & Design

Karte L4 ▪ Beverly Blvd, Robertson Blvd & Melrose Ave zwischen La Cienega Blvd & Doheny Dr

In den Straßen rund um das Pacific Design Center (PDC) bieten Läden alles, was im PDC zu bewundern ist, zum Verkauf an. Die Gegend mit führenden Kunstsammlungen *(siehe S. 110)*, schicken Restaurants und netten Cafés lässt sich am besten zu Fuß erkunden.

7 Craft Contemporary

Karte N6 ▪ 5814 Wilshire Blvd, Miracle Mile ▪ +1-323-937-4230 ▪ Mi–So 11–17 Uhr ▪ Eintritt ▪ www.craftcontemporary.org

Das kleine Museum widmet sich der Präsentation von Handwerk und Volkskunst aus aller Welt. Es wurde im Jahr 1965 von der Volkskunstsammlerin Edith Wyle unter dem Namen »The Egg and The Eye« als Café und Kunstladen eröffnet. Neben Wechselausstellungen veranstaltet das Museum jedes Jahr im Oktober das International Festival of Masks.

Mode aus der Melrose Avenue

8 Melrose Avenue

Karte L–R4

Die Melrose Avenue hat schon bessere Tage gesehen, ist aber, obwohl ein wenig an Glanz verloren ging, noch immer ein Paradies für Hollywood-Enthusiasten – vor allem am Wochenende. Läden bieten Vintage- und extravagante Mode sowie ausgefallene Souvenirs *(siehe S. 111)*.

LGBT+ in Los Angeles

West Hollywood ist das Zentrum der LGBT+ Szene von Los Angeles. Die zahlreichen Bars, Clubs, Cafés und Restaurants am Santa Monica Boulevard sind stets gut besucht. Zur farbenfrohen Christopher Street West Parade im Juni und zum ausgelassenen Halloween Carnival versammeln sich Scharen von Zuschauern.

9 Pacific Design Center (PDC)

Karte L4 ■ 8687 Melrose Ave ■ +1-310-657-0800, +1-310-360-6418 (Showrooms) ■ Mo–Fr 9–17 Uhr ■ www.pacificdesigncenter.com

Der Komplex präsentiert in 130 Räumen edelste Möbel, Stoffe, Lampen und Accessoires. Die blaue Glasfassade brachte dem von Cesar Pelli im Jahr 1975 entworfenen Gebäude den Spitznamen »Blauwal« ein. Aktuelle Veranstaltungen stehen auf der Website des PDC. Die beiden Restaurants Silver Bullet Express und Design Café sind öffentlich zugänglich. Besucher, die die Showrooms besichtigen möchten, müssen sich telefonisch anmelden.

Eingang des Page Museum

10 Page Museum, La Brea Tar Pits

Karte N6 ■ 5801 Wilshire Blvd, Miracle Mile ■ +1-213-763-3499 ■ Mi–Mo 9.30–17 Uhr ■ Eintritt ■ www.tarpits.org

Mammuts, Säbelzahntiger und Wölfe sind die Stars des Museums, das Einblick in das Leben in der Region während der letzten Eiszeit bietet. Seit 1906 haben Ausgrabungen in den angrenzenden Teergruben über eine Million fossilierter Gebeine von etwa 450 Tierarten zutage gebracht. Viele sind hier ausgestellt. In einem verglasten Labor kann man Paläontologen bei der Arbeit zusehen. Vor dem Museum veranschaulichen Nachbildungen von in Schlamm konservierten Fossilien das Schicksal prähistorischer Säugetiere. Für Besucher kostet das Parken 15 Dollar.

Spaziergang

Vormittags

Beginnen Sie in der »Museum Row« am Wilshire Boulevard, wo Sie im **LACMA** die neueste Wechselausstellung besichtigen können.

Wenn Zeit und Energie noch reichen, besuchen Sie das **Petersen Automotive Museum** oder das **Page Museum**, bevor es zum Lunch geht. Hierfür fahren Sie am besten ein paar Blocks nach Norden zum **Original Farmers Market**, wo z. B. Gumbo Pot Cajun-Küche bietet und Du-Par's amerikanische Kost serviert.

Nachmittags

Auf dem Markt beginnt dann das Nachmittagsprogramm: Shoppen, Shoppen, Shoppen. Ein Stück östlich lockt dazu auch die Freiluftmall **The Grove**. Zur Shoppingmeile **Melrose Avenue** gelangen Sie, wenn Sie zurück zur **Fairfax Avenue** und dann Richtung Norden gehen. Die Straße mit den vielen schicken Läden eignet sich vor allem am Wochenende auch prima zum Leutebeobachten.

Stärken Sie sich mit einem frühen Dinner in **Canter's Deli** *(siehe S. 113)*, bevor es weiter zum **Sunset Strip** geht, wo Sie (nach Reservierung) in **The Comedy Store** *(siehe S. 65)* oder auch in der **Laugh Factory** *(siehe S. 65)* einen vergnüglichen Abend verbringen können. Den perfekten Abschluss bildet dann ein Cocktail in der **Bar Marmont** *(siehe S. 112)* oder in der Bar20 des Hotels **The Grafton on Sunset** *(siehe S. 146)*.

Kunstsammlungen

1 Morán Morán

Karte L4 ■ 937 N La Cienega Blvd ■ +1-310-652-1711

Die großflächige Galerie zeigt wegweisende zeitgenössische Werke von Künstlern wie dem Fotografen Robert Mapplethorpe (1946–1989).

2 Gallery 1988

Karte K4 ■ 7021 Melrose Ave ■ +1-323-937-7088

Die kleine Gallery 1988 präsentiert Werke aufstrebender Künstler aus L.A. Im Bereich Popkultur gilt sie als führende Galerie der USA.

3 George Stern Fine Arts

Karte K4 ■ 8920 Melrose Ave ■ +1-310-276-2600

Die Galerie ist auf impressionistische Landschaftsmaler des späten 19. und frühen 20. Jahrhunderts spezialisiert, darunter Guy Rose.

4 Leica Store & Gallery

Karte L5 ■ 8783 Beverly Blvd ■ +1-424-777-0341

Hier werden nicht nur Leica-Kameras verkauft, in der Galerie kann man auch die Welt durch die Objektive berühmter Fotografen sehen.

5 Hamilton-Selway Fine Art Gallery

Karte L4 ■ 8678 Melrose Ave ■ +1-310-657-1711

Die Räume bergen die größte Sammlung von Andy-Warhol-Originalen an der Westküste sowie Werke von Roy Lichtenstein, Keith Haring und anderen Pop-Art-Ikonen.

6 Louis Stern Fine Arts

Karte K4 ■ 9002 Melrose Ave ■ +1-310-276-0147

Die Galerie präsentiert abstrakte Künstler der Westküste. Hier können auch Privatpersonen impressionistische, moderne und lateinamerikanische Kunst verkaufen.

7 101/EXHIBIT

Karte K4 ■ 8920 Melrose Ave ■ +1-310-271-7980

Werke bekannter und aufstrebender zeitgenössischer Künstler sind in dieser innovativen Galerie zu sehen.

8 Gallery 825

Karte L3 ■ 825 La Cienega Blvd ■ +1-310-652-8272

In vier Ausstellungsbereichen zeigt die Los Angeles Art Association Werke ihrer Mitglieder. Alle Genres sind vertreten, wobei der Fokus auf zeitgenössischer Kunst liegt.

9 Tobey C. Moss

Karte N5 ■ 7321 Beverly Blvd ■ +1-323-933-5523

Die renommierte Galerie legte anfangs den Schwerpunkt auf Zeichnungen und Drucke. Heute ist sie für Werke kalifornischer Modernisten aus der Zeit vor 1960 bekannt.

10 Fahey/Klein Gallery

Karte P5 ■ 148 N La Brea Ave ■ +1-323-934-2250

Die Galerie für seltene alte und moderne Fotokunst zeigt Arbeiten von Henri Cartier-Bresson und anderen bedeutenden Fotografen.

Fotoausstellung der Fahey/Klein Gallery

Shopping in der Melrose Avenue

Schmuck über Schmuck, Maya Jewelry

1 Maya Jewelry

Karte N4 ■ 7360 Melrose Ave ■ +1-323-655-2708

Der kleine Laden mit erschwinglichem Schmuck (meist aus Silber) für alle erdenklichen Körperteile führt auch viele Masken.

2 Decades & Decades Two

Karte M4 ■ 8214 Melrose Ave ■ +1-323-655-1960

Allen, denen der Rodeo Drive zu teuer ist, bietet die Resale-Boutique Secondhandkleidung sowie Pucci- und Courrèges-Mode der 1960er und 1970er Jahre.

3 Fred Segal

Karte M4 ■ 8100 Melrose Ave (auch 420 Broadway & 500 Broadway) ■ +1-323-651-4129 & +1-310-394-9814

Hier geben Hollywoodstars reichlich Geld für luxuriöse Mode, Schönheitskosmetik und kostspielige Geschenke aus.

4 Melrose Trading Post

Karte M4 ■ Melrose Ave, Ecke Fairfax Ave ■ +1-323-655-7679 ■ So 9–17 Uhr ■ Eintritt (unter 12 Jahren frei)

Der sonntägliche Flohmarkt für Vintage-Mode, Retro-Möbel und Sammlerstücke entführt in die Vergangenheit.

5 Wasteland

Karte N4 ■ 7428 Melrose Ave ■ +1-323-653-3028

Stilbewusste und Schnäppchenjäger kaufen in dem lagerhausgroßen Laden u. a. Kleidung, Accessoires und Schuhe.

6 Wanna Buy a Watch?

Karte N4 ■ 8465 Melrose Ave ■ +1-323-653-0467

Der edle Laden ist für die Auswahl an alten Armbanduhren bekannt, führt aber auch moderne Uhren, alte Diamantringe und Jugendstilschmuck aus den 1920er Jahren.

7 l.a.Eyeworks

Karte N4 ■ 7407 Melrose Ave ■ +1-323-653-8255

Der einzigartige, fröhliche Laden lockt mit ausgefallenen Brillen eine trendbewusste Kundschaft an.

8 Kelly Wearstler

Karte L4 ■ 8440 Melrose Ave ■ +1-323-895-7880

Wenn Prominente Wohnaccessoires, Möbel, Lampen, Stoffe und Geschenke shoppen gehen, dann tun sie dies gern hier.

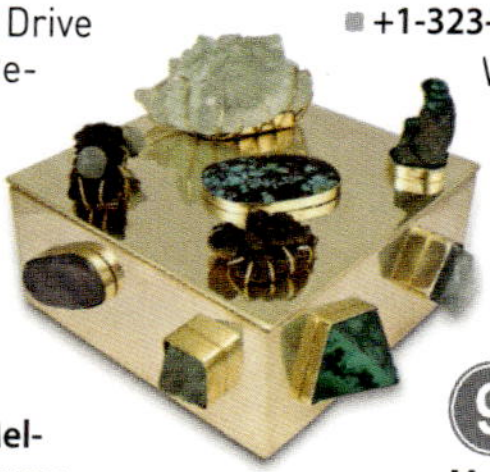

Schmuckschatulle, Kelly Wearstler

9 Flasher

Karte N4 ■ 7609 Melrose Ave ■ +1-323-655-3375

Stylist und Inhaber Scott hat sich auf Statement-Stücke für Männer und Frauen spezialisiert, die in der Clubszene auffallen wollen oder einen künstlerischen, urbanen Touch bevorzugen.

10 Necromance

Karte P4 ■ 7220 Melrose Ave ■ +1-323-934-8684

Dieser Ort für Totenkultanhänger geht über die Grenze des Makabren hinaus. Wer den Anblick von gefriergetrockneten Küken in Glaskugeln scheut, sollte den Laden meiden.

Siehe Karte S. 106

Bars & Clubs am Sunset Strip

1 Rainbow Bar & Grill

Karte K3 ■ 9015 Sunset Blvd ■ +1-310-278-4232

Fans des Hardrock schwärmen in die legendäre Bar, die Fotos, Platten und Gitarren fast jeder großen Rockband besitzt.

Pool in der noblen Skybar

2 Skybar

Karte M3 ■ 8440 Sunset Blvd, Hotel Mondrian ■ +1-323-848-6025

Wer es an der Samtschnur vorbei in die Hotelbar schafft, kann sich mit VIPs beim Cocktail am Pool tummeln. Der Blick auf die Stadt ist toll.

3 Cactus Lounge

Karte M3 ■ 8300 Sunset Blvd, The Standard Hollywood ■ +1-323-822-3111

Zum Programm der schicken Hotel-Lounge gehören Akustikkonzerte, Autorenlesungen und ein DJ, der Musik zum Tanzen auflegt.

4 Pearl's Rooftop

Karte L3 ■ 8909 Sunset Blvd ■ +1-310-360-6800

Pearl's Rooftop ahmt ein Speakeasy der 1920er Jahre nach. Von der obersten der drei Ebenen hat man schönen Blick auf West Hollywood.

5 Hyde Sunset Kitchen & Cocktails

Karte M3 ■ 8117 Sunset Blvd ■ +1-323-940-1650

Der Club ist an Exklusivität kaum zu überbieten: Privattische, große Sofas – und viel Prominenz.

6 Saddle Ranch Chop House

Karte M3 ■ 8371 W Sunset Blvd ■ +1-323-656-2007

Das texanische Steakhaus ist tagsüber ein beliebtes Familienlokal. Ab 22 Uhr wird es zum lebhaften Club.

7 Viper Room

Karte L3 ■ 8852 Sunset Blvd ■ +1-310-358-1880

Top-Musiker wie Bruce Springsteen geben in dem berühmten Club Konzerte *(siehe S. 15)*.

8 Whisky a Go Go

Karte L3 ■ 8901 W Sunset Blvd ■ +1-310-652-4202

Im Zentrum des Rock 'n' Roll im L.A. der 1960er Jahre begann die Karriere der Doors. Noch immer treten hier junge Talente auf.

9 The Roxy

Karte K3 ■ 9009 W Sunset Blvd ■ +1-310-278-9457

Hier stehen die Bands im Fokus, nicht die Gäste oder das Dekor.

Neonschmuck in der Bar Marmont

10 Bar Marmont

Karte M3 ■ 8171 Sunset Blvd ■ +1-323-650-0575

Die Reichen und die Schönen geben sich die Ehre in der äußerst eleganten Bar neben dem Hotel Chateau Marmont *(siehe S. 145)*. Gegen 21 oder 22 Uhr sind die Chancen auf Einlass größer.

→ Siehe Karte S. 106

Restaurants

1 Night + Market WeHo
Karte K4 ▪ 9043 Sunset Blvd ▪ +1-310-275-9724 ▪ $$

)as zwanglose Restaurant bietet hailändisches Streetfood, Eis- :reme-Sandwiches, Bier und eine ımfangreiche Weinkarte. Das Fried :hicken Sandwich ist ein Muss.

2 Swingers
Karte M5 ▪ 8020 Beverly Blvd ▪ +1-323-653-5858 ▪ $$

ındy-Warhol-Tapeten zieren das ketro-Diner, das bis zum frühen Aorgen dampfende Hühnersuppe ınd üppige Sandwiches serviert.

3 Animal
Karte M4 ▪ 435 N Fairfax Ave ▪ +1-323-782-9225 ▪ $$$

ıas Restaurant serviert Deftiges, orwiegend mit Fleisch. Der Geflü- elleberschaum ist zu empfehlen.

4 Angelini Osteria
Karte N5 ▪ 7313 Beverly Blvd ▪ +1-323-297-0070 ▪ vegetarische Op- onen auf Anfrage ▪ Mo geschl. ▪ $$$

:üchenchef Angelini bekochte schon en Papst und Präsidenten. Heute rfreut er »gewöhnliche« Gaumen.

5 The Ivy
Karte L4 ▪ 113 N Robertson Blvd ▪ +1-310-274-8303 ▪ $$$

osten Sie in den beiden bei Stars eliebten Speisesälen Caesar Salad nd Krabbenküchlein.

Preiskategorien

Preis für ein Drei-Gänge-Menü pro Person mit einem Glas Hauswein, inkl. Steuern und Service.

$ unter 25 $ **$$** 25–50 $ **$$$** 50–80 $ **$$$$** über 80 $

6 Joan's on Third
Karte M5 ▪ 8350 W 3rd St ▪ +1-323-655-2285 ▪ $

Der kleine Delikatessenladen lockt Feinschmecker an. Die Speisen kann man vor Ort essen oder mitnehmen.

7 Canter's Deli
Karte M4 ▪ 419 N Fairfax Ave ▪ +1-323-651-2030 ▪ $$

Ein L.A.-Klassiker: Seit 1931 trifft man sich nach der Arbeit in diesem Deli einer jüdischen Familie.

8 Guisados
Karte L4 ▪ 8935 Santa Monica Blvd ▪ +1-310-777-0310 ▪ $

Hier gibt es hausgemachte Mais-Tortillas mit leckerem Fleisch.

9 Echigo
Karte R3 ▪ 12217 Santa Monica Blvd ▪ +1-310-820-9787 ▪ So geschl. ▪ $$$

Das Angebot besteht aus Sushi in jeglicher Variation.

10 M Café de Chaya
Karte P4 ▪ 7119 Melrose Ave ▪ +1-323-525-0588 ▪ $$

Das Lokal bereitet makrobiotische Speisen zu, u.a. exquisite Salate und Sandwiches.

ıe Ivy setzt auf Blumenschmuck

TOP 10 Beverly Hills, Westwood & Bel Air

Exklusive Shoppingmöglichkeiten, elegante Restaurants, gepflegte Miniparks und einige der teuersten Anwesen des Landes – Beverly Hills verkörpert Hollywoods Reichtum und Glamour. Das benachbarte Westwood ist Sitz der UCLA, einer der besten Universitäten der USA. Bel Air ist fast ausschließlich eine Enklave von Villen. Und über all das erhebt sich das nahe Getty Center in seiner weißen Pracht.

Beverly Hills Hotel – Hotel mit Kultstatus

1 Beverly Hills Hotel

Das berühmteste Hotel von Los Angeles gehört seit seiner Eröffnung im Jahr 1912 zur Geschichte von Hollywood. Douglas Fairbanks und Will Rogers nahmen gern den einen oder anderen Drink in der Bar. Howard Hughes mietete Bungalow 3 für 30 Jahre, Marilyn Monroe traf sich in dem Haus angeblich sowohl mit John F. als auch mit Robert F. Kennedy. Zahllose Filmstars, Adlige und Politiker haben in diesem legendären rosafarbenen Palast übernachtet, gefeiert und sich amüsiert *(siehe S. 146)*.

eure Designerboutiquen am Rodeo Drive

2 Rodeo Drive

Karte J5 ■ zwischen Wilshire lvd & Santa Monica Blvd

)er Rodeo Drive *(siehe S. 68 & S. 118)* ählt zu den berühmtesten und teursten Shoppingmeilen der Welt. Er st Synonym für Luxus und Ruhm. ie nur drei Blocks lange Straße mit äden aller großen internationalen esigner ist ein Laufsteg der Haute outure – und doch findet sich unter er eleganten Kundschaft nur wenig rominenz. Am Südende des Rodeo rive befindet sich das Hotel Beverly Wilshire *(siehe S. 144)*. Architekturfans zieht es zu Frank Lloyd Wrights Anderton Court *(siehe S. 118)*.

1 Top-10-Attraktionen *siehe S. 114–117*

1 Restaurants *siehe S. 119*

1 Rodeo Drive *siehe S. 118*

siehe Karte Rodeo Drive

NSET BLVD · AVE · ADO ROAD · WEST 3RD ST · BURTON WAY · WILSHIRE BOULEVARD · CHARLEVILLE BLVD · GREGORY WAY · WEST OLYMPIC BOULEVARD · PICO BOULEVARD · CASHIO STREET · S RODEO DRIVE · S BEVERLY DRIVE · S BEVERLY DR · S DOHENY DR · S ROBERTSON BLVD · S BEVERWIL DR

0 Kilometer 1

0 Meilen 1

3 Beverly Hills Civic Center

Karte J5 ■ östl. des Crescent Drive zwischen Santa Monica Blvd & Burton Dr

Der Wohlstand einer Stadt spiegelt sich in den öffentlichen Gebäuden wider – und manche Stadt blickt neidisch auf das Beverly Hills Civic Center. Im Zentrum fügt sich das im Stil der spanischen Renaissance erbaute Rathaus (1932) harmonisch in einen modernen Komplex mit von Palmen gesäumten Wegen und Säulengängen ein. Die Gebäude beherbergen auch eine schöne Bibliothek.

4 Skirball Cultural Center

Karte C2 ■ 2701 N Sepulveda Blvd, Brentwood / Bel Air ■ +1-310-440-4500 ■ Di–Fr 12–17 Uhr, Sa & So 10–17 Uhr ■ Eintritt für Museum (Do & unter 2 Jahren frei) ■ www.skirball.org

Das jüdische Zentrum ist nach seinem Sponsor Jack Skirball (1896–1985) – Rabbi und Produzent von Hitchcock-Filmen – benannt. Der 1996 eröffnete Komplex bietet ein vielfältiges Programm. Das Multimediamuseum zeigt z. B. Parallelen zwischen den Erfahrungen der Juden und den Prinzipien amerikanischer Demokratie. Die Dauerausstellung *Visions and Values* beleuchtet die Geschichte der Juden von der Antike bis ins moderne Amerika.

5 Paley Center for Media

Karte J5 ▪ 465 N Beverly Dr ▪ +1-310-786-1000 ▪ Mi–So 12–17 Uhr ▪ Spende ▪ www.paleycenter.org

Kein Medium hat dem 20. Jahrhundert derart seinen Stempel aufgedrückt wie das Fernsehen. Das Center im markanten Gebäude des Getty-Center-Architekten Richard Meier dokumentiert über 80 Jahre Radio- und TV-Geschichte. Besucher können Beispiele aus rund 120 000 katalogisierten Sendungen – Nachrichten, Sportübertragungen, Musicals, Sitcoms etc. – anhören bzw. ansehen. Seit der Erweiterung schließt das einstige Museum of Television & Radio nun auch digitale Medien ein, zudem bietet es Seminare und Veranstaltungen an.

Ausstellung, UCLA Hammer Museum

6 UCLA Hammer Museum

Karte C2 ▪ 10899 Wilshire Blvd ▪ +1-310-443-7000 ▪ Di–So 11–18 Uhr ▪ www.hammer.ucla.edu

Das von der University of California, Los Angeles betriebene Museum ist das Vermächtnis von Armand Hammer, einem Ölmagnaten, der in den 1920er Jahren seine Leidenschaft für Kunst entdeckte. Ganz besonders angetan war Hammer von den französischen Impressionisten des 19. Jahrhunderts wie Monet. Moderne Wechselausstellungen ergänzen die rotierende Dauerausstellung der Sammlung. Die kostenlosen Lesungen, Filmvorführungen und Vorträge sind überaus beliebt. Die Website informiert aktuell über Veranstaltungen.

Eingang zur Royce Hall, UCLA

7 University of California Los Angeles (UCLA)

Karte C2 ▪ +1-310-825-4321 ▪ www.ucla.edu

Die im Jahr 1919 gegründete Hochschule, an der u. a. Filmregisseur Francis Ford Coppola studierte, zählt zu den besten Forschungseinrichtungen der USA. Zu den 150 Gebäuden gehören architektonische Juwele wie die Royce Hall. Das Fowler Museum zeigt Kunst aus aller Welt. Im Norden befindet sich der hübsche Franklin D. Murphy Sculpture Garden *(siehe S. 53)*.

8 Getty Center

Die Kulturstätte ist für ihre Sammlung europäischer Kunst in aller Welt bekannt, bietet aber wesentlich mehr: die Hügellage mit Blick auf Meer und Berge, eine

Stadt der Gegensätze

Los Angeles weist das siebtgrößte Einkommensgefälle der US-Ballungsräume auf. Einer Studie zufolge bedroht diese Ungleichheit das langfristige wirtschaftliche Wohlergehen der Region. Arbeitsplätze im mittleren und unteren Lohnsegment seien stark zurückgegangen, und die Stadtviertel seien zunehmend nach Herkunft und Einkommen getrennt

Architektur wie – um es mit den Worten Goethes zu sagen – »erstarrte Musik« und herrliche Gärten (siehe S. 16–19).

9 Museum of Tolerance

Karte D2 ■ 9786 W Pico Blvd ■ +1-310-772-2505 ■ Di & Fr 10–15 Uhr, So 10–17 Uhr; an jüdischen Feiertagen geschl. ■ Reservierung empfohlen ■ Eintritt ■ www.museumoftolerance.com

Das Hightechmuseum konfrontiert seine Besucher mit Beispielen von extremer Intoleranz, um den Bedarf an mehr Toleranz zu verdeutlichen. Der Museumsrundgang beginnt im »Tolerancenter«, dessen Exponate sich u. a. Menschenrechtsverletzungen und der Civil-Rights-Bewegung widmen. Gräueltaten der Nationalsozialisten werden in der Holocaust-Abteilung chronologisch dargestellt. Eine Multimedia-Ausstellung erzählt die Lebensgeschichten bekannter Amerikaner verschiedenster ethnischer Herkunft.

Grab von Marilyn Monroe, Westwood

10 Pierce Brothers Westwood Village Memorial Park

Karte C2 ■ 1218 Glendon Ave ■ +1-310-474-1579 ■ tägl. 8 Uhr bis Sonnenuntergang

Auf dem kleinen Friedhof im Schatten der Bürotürme von Westwood sind viele Stars bestattet. Marilyn Monroes Krypta ist immer mit Blumen geschmückt – Hugh Hefner ließ sich angeblich den Platz daneben reservieren. Auch Burt Lancaster, Natalie Wood und Frank Zappa wurden auf dem Gelände beigesetzt.

Spaziergang

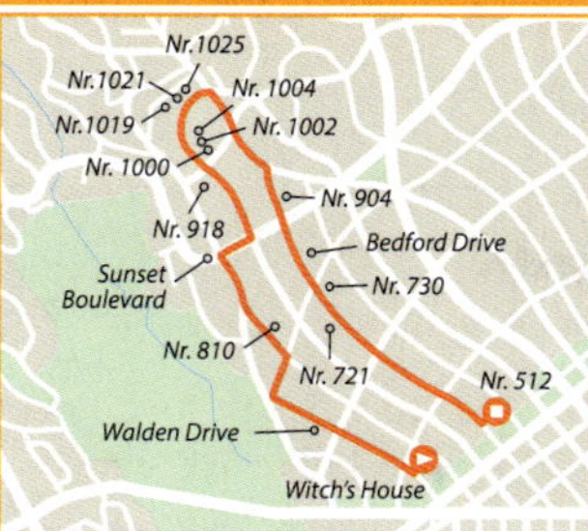

Vormittags

Fast jeder Prominente, der im letzten Jahrhundert mit Hollywood zu tun hatte, hat irgendwann einmal in diesen Vierteln gewohnt, von Clara Bow in den frühen Tagen des Tonfilms bis zu Adele, Beyoncé und Jay-Z heute. Die Privatsphäre steht jedoch an erster Stelle, weshalb die Villen heute hinter hohen Mauern und verschlossenen Toren liegen. Die Tour zu den Häusern der Stars beginnt in Richtung Norden auf dem **Walden Drive**, der vom Santa Monica Boulevard abzweigt. Das **Witch's House** an der Ecke Carmelita Avenue ist wie ein Hexenhäuschen aus *Hänsel und Gretel*. Biegen Sie rechts in die Lomitas Avenue und dann links auf den Linden Drive ein, wo in **Nr. 810** Bugsy Siegel 1947 erschossen wurde. Nach Norden geht es zum **Sunset Boulevard**, dort rechts und dann links in die Roxbury Avenue. James Stewart wohnte in **Nr. 918**, Songtexter Ira Gershwin in **Nr. 1021**, die Schauspielerin Diane Keaton in **Nr. 1025**, Sängerin Rosemary Clooney (Tante von George) in **Nr. 1019**, Peter Falk in **Nr. 1004**, Jack Benny in **Nr. 1002** und Lucille Ball in **Nr. 1000**.

Rechts geht es nun auf dem Canyon Drive zum **Bedford Drive**, wo in Haus **Nr. 904** im Lauf der Zeit Berühmtheiten wie Frank Sinatra, Anthony Quinn, Rex Harrison, Ava Gardner und Greta Garbo lebten. Steve Martin bewohnte einmal **Nr. 721**, Lana Turner **Nr. 730**. **Nr. 512** ist das ehemalige Wohnhaus des Stummfilmstars Clara Bow.

Siehe Karte S. 114f

Rodeo Drive

Bijans Luxusautos parken vor der exklusiven Boutique

1 Two Rodeo

Karte J6 ■ Ecke Wilshire Blvd

Die Kopfsteinpflasterstraße mit Brunnen und einer Piazza ähnelt einer europäischen Einkaufsstraße. 1990 war sie die erste neu erbaute Straße in Beverly Hills seit 1914.

2 Tiffany & Co.

Karte J5 ■ 210 N Rodeo Dr ■ +1-310-273-8880

Bewundern Sie den kunstvoll gefertigten Schmuck. Die Filiale in New York diente bekanntlich als Kulisse für den Film *Frühstück bei Tiffany*.

3 Pomellato

Karte J5 ■ 214 N Rodeo Dr ■ +1-310-550-5639

Die italienische Luxusschmuckmarke ist bekannt für innovative Schliffe von Farbsteinen in Designs aus hochkarätigem Gold.

4 Louis Vuitton

Karte J5 ■ 295 N Rodeo Dr ■ +1-310-859-0457

Die Lederwaren sind berühmt, es gibt aber auch Parfum, Schmuck, Uhren und maßgefertigte Schuhe.

5 Anderton Court

Karte J5 ■ 333 N Rodeo Dr

Frank Lloyd Wright schuf in diesem Bauwerk von 1953 eine Zickzack-Rampe um einen Lichtschacht, ähnlich wie im Guggenheim Museum in New York.

6 Bijan

Karte J5 ■ 420 N Rodeo Dr ■ +1-310-273-6544 ■ nach Vereinbarung

Die Boutique führt exklusive Herrenmode, die als die teuerste der Welt gilt. Namen berühmter Kunden sind ins Fenster gefräst.

7 Gucci

Karte J5 ■ 347 N Rodeo Dr ■ +1-310-278-3451

Der Laden selbst ist eine Augenweide, die meisten Kunden haben jedoch nur einen Blick für Schuhe und Handtaschen.

8 Harry Winston

Karte J5 ■ 310 N Rodeo Dr ■ +1-310-271-8554

In der Oscar-Nacht tragen viele der Stars Diamantschmuck, den sie hier bei einem der exklusivsten Juweliere der Welt ausgeliehen haben.

9 The Rodeo Collection

Karte J5 ■ 421 N Rodeo Dr

Das offene Einkaufszentrum mit edlem Marmor bietet Boutiquen auf fünf Etagen. Die Läden gruppieren sich um ein Atrium mit Restaurant.

10 O'Neill House

Karte J5 ■ 507 N Rodeo Dr ■ für die Öffentlichkeit geschl.

Neckische, bei dem katalanischen Architekten Antoni Gaudí entlehnte Jugendstilelemente zieren den Komplex von 1988.

Restaurants

1 Spago Beverly Hills

Karte K5 ▪ 176 N Canon Dr ▪ +1-310-385-0880 ▪ $$$$

»Starjäger« haben im Vorzeigerestaurant von Wolfgang Puck oft Erfolg *(siehe S. 67)*.

2 Crustacean

Karte J5 ▪ 9646 S Santa Monica Blvd ▪ +1-310-205-8990 ▪ $$$

Das Restaurant bietet vietnamesische Küche. Probieren Sie unbedingt eines der Gerichte mit »geheimen Gewürzen« des Küchenchefs.

3 The Palm

Karte K5 ▪ 267 N Canon Dr ▪ +1-310-550-8811 ▪ $$$$

Das klassische Steakhaus ist bekannt für exzellenten Service und Karikaturen von Stars an den Wänden. Crab Cakes und Desserts sind ebenfalls zu empfehlen.

Tische im Hof der Polo Lounge

4 Polo Lounge

Karte J4 ▪ 9641 Sunset Blvd ▪ +1-310-276-2251 ▪ $$$$

Spezialitäten wie McCarthy-Salat werden mit asiatischer und kalifornischer Küche kombinert. Vegetarische Gerichte gibt es auf Anfrage.

5 Belvedere

Karte J5 ▪ 9882 Santa Monica Blvd ▪ +1-310-788-2306 ▪ $$$

Hollywoods Elite schätzt den gold- und pfirsichfarbenen Gastraum und den tadellosen Service. Die kreative Küche richtet sich nach dem, was die Region als Zutaten bietet.

Preiskategorien

Preis für ein Drei-Gänge-Menü pro Person mit einem Glas Hauswein, inkl. Steuern und Service.

$ unter 25 $ **$$** 25–50 $ **$$$** 50–80 $ **$$$$** über 80 $

6 Maude

Karte K6 ▪ 212 S Beverly Dr ▪ +1-310-859-3418 ▪ www.maude restaurant.com ▪ $$$$

Alle drei Monate gibt es ein neues Probiermenü mit saisonalen Spezialitäten und Spitzenweinen. Reservierung ist ein Muss *(siehe S. 67)*.

7 Matsuhisa

Karte L5 ▪ 129 N La Cienega Blvd ▪ +1-310-659-9639 ▪ $$$

Dies ist die Keimzelle von Nobu Matsuhisas wachsendem Imperium japanisch-peruanischer Seafood-Restaurants. Verlassen Sie sich einfach ganz auf die Empfehlungen des Küchenchefs *(siehe S. 67)*.

8 Nate'n Al

Karte J5 ▪ 414 N Beverly Dr ▪ +1-310-274-0101 ▪ $

Das schlichte koschere Deli ist seit 1943 auch bei Prominenten beliebt. Stammgäste schwören auf die riesigen Roggen-Sandwiches.

9 Xi'an

Karte J5 ▪ 362 N Canon Dr ▪ +1-310-275-3345 ▪ $$

Das stilvolle Lokal mit Patio bietet leichte chinesische Küche. Die schwarze Bohnensauce und die Pekingente sind köstlich.

10 Il Cielo

Karte K5 ▪ 9018 Burton Way ▪ +1-310-276-9990 ▪ So geschl. ▪ $$$

Reservieren Sie einen Tisch im Garten, um schmackhafte klassische Gerichte der italienischen Küche unter Sternen genießen zu können.

Siehe Karte S. 114f

TOP 10 Santa Monica Bay

Detail am Adamson House

Die Santa Monica Bay erstreckt sich 32 Kilometer zwischen den reichen Gemeinden Malibu und Palos Verdes. Hier liegen einige der schönsten Strände der Welt, u. a. Topanga, Santa Monica und Venice, gefolgt von Manhattan Beach, Hermosa Beach, Redondo Beach und Torrance, den Wiegen der amerikanischen Surfkultur. In Filmen »doubelten« die traumhaften Strände bereits alle möglichen Orte – von Guadalcanal und Tahiti bis zu Shangri-La. Die Palmen an der Promenade von Santa Monica sind ein Symbol für ganz Kalifornien. Hauptattraktion ist jedoch die bunte, lebendige Vergnügungsmeile Santa Monica Pier.

Santa Monica Bay

Calabasas
Cornell
Malibu Creek State Park
Topanga State Park
Monte Nido
Beverly Hills
11 km
Malibu
Adamson House & Malibu Lagoon Museum
Point Dume
Santa Monica
siehe Karte Santa Monica
Marina del Rey
Los Angeles International Airport
Pazifischer Ozean
El Segundo
South Bay
Redondo Beach
Palos Verdes
Wayfarers Chapel

- **Top-10-Attraktionen** *siehe S. 121–123*
- **Restaurants** *siehe S. 127*
- **Shopping in der Main Street** *siehe S. 125*
- **Venice Boardwalk** *siehe S. 124*
- **Outdoor-Aktivitäten** *siehe S. 126*

0 km 5
0 Meilen 5

1 Adamson House & Malibu Lagoon Museum

Karte B2 ▪ 23200 Pacific Coast Hwy, Malibu ▪ +1-310-456-8432 ▪ Führungen: Zeiten tel. oder online erfragen ▪ Eintritt (unter 6 Jahren frei) ▪ www.adamsonhouse.org

Die Villa im spanischen Kolonialstil oberhalb der Malibu Lagoon wurde 1928 für Rhoda Rindge Adamson und ihren Gatten Merritt erbaut. Den Rindges gehörten die Malibu Potteries, aus denen die handbemalten Keramikfliesen im Haus stammen. Die Familie sorgte auch für den Bau der Malibu Colony, in der Tom Hanks ein Haus besitzt. Das benachbarte Malibu Lagoon Museum widmet sich der Geschichte Malibus von der Zeit der Chumash-Indianer bis zur Filmrolle der Stadt als sagenhaftes Shangri-La.

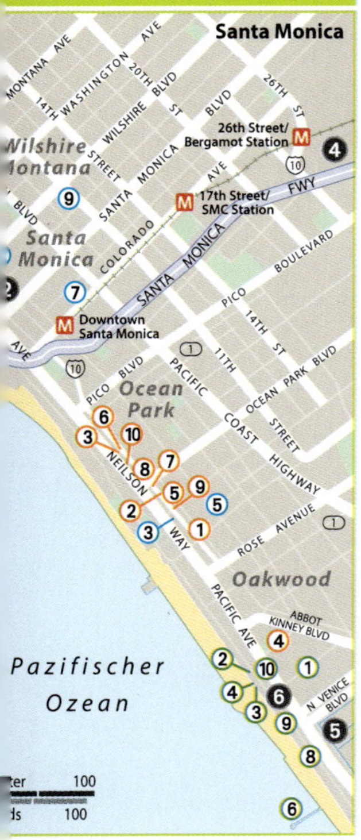

2 Third Street Promenade

Karte B3 ▪ 3rd St zwischen Broadway & Wilshire Blvd, Santa Monica

Die Shoppingmeile *(siehe S. 68)*, Zentrum von Downtown Santa Monica und eine der schönsten Ecken für einen Spaziergang, ist das Ergebnis einer erfolgreichen Restaurierungsmaßnahme der späten 1980er Jahre. Die Straße säumen Kinos, gehobene Läden und Restaurants. Straßenmusiker aus aller Welt sorgen für Unterhaltung. Der morgendliche Bauernmarkt mittwochs und samstags ist sehr beliebt.

Third Street Promenade

3 Santa Monica Pier

Karte A3 ▪ Ende Colorado Ave ▪ Looff Hippodrome: +1-310-394-8042; tägl. 11–17 Uhr (Fr–So bis 19 Uhr) ▪ Pacific Park: +1-310-260-8744 ▪ Heal the Bay Aquarium: +1-310-393-6149; Do–So 12–16 Uhr

Kaliforniens ältester Vergnügungspier (1908) markiert das westliche Ende der berühmten Route 66. Die älteste der Attraktionen ist das Looff Hippodrome von 1922 mit seinem Karussell, das in unzähligen Filmen auftaucht. Es steht im Pacific Park, einem Vergnügungspark mit einem solarbetriebenen Riesenrad. Unterhalb des Piers liegt das kleine, kinderfreundliche Heal the Bay Aquarium (ehemals Santa Monica Pier Aquarium), in dem sich heimische Meeresbewohner tummeln.

4 Bergamot Station Arts Center

Karte C3 ■ 2525 Michigan Ave, Santa Monica ■ +1-310-453-7535 ■ Di–Sa 11–17 Uhr (Öffnungszeiten einzelner Galerien können abweichen) ■ www.bergamotstation.com

Die ehemalige Bannstation ist heute ein Kulturkomplex mit fast drei Dutzend Galerien, Läden, Ateliers und einem Café. Ein Highlight ist das City Garage Theatre, in dem das ganze Jahr über zahlreiche hochkarätige zeitgenössische Produktionen aufgeführt werden. Andere Galerien und Betriebe in der Umgebung veranstalten regelmäßig spezielle Events, bei denen Besucher in den kreativen Prozess einbezogen werden. Das Parken ist hier kostenlos.

Brücke über die Venice Canals

5 Venice Canals

Karte B5 ■ zwischen Washington Blvd & Venice Blvd

Von den Kanälen, die Abbot Kinney anlegen ließ, sind nur noch fünf Kilometer übrig. Das einst vor sich hin dümpelnde Areal ist heute ein schönes gehobenes Wohnviertel. Der schmale Venice Canal Walk führt durch das Gebiet.

Der »Vater von Venice«

Venice entsprang der Vision des Tabakmillionärs Abbot Kinney (1850–1920), der den feuchten Sumpf südlich von Santa Monica in einen von Kanälen durchzogenen Themenpark mit Gondeln und Vergnügungspier verwandeln ließ. Von der Eröffnung am 4. Juli 1905 an pulsierte hier das Leben – bis eine verheerende Feuersbrunst im Jahr 1920 die meisten Bauwerke zerstörte.

6 Venice Boardwalk

Karte A5 ■ Ocean Front Walk zwischen Venice Blvd & Rose Ave

Venice, die Idee des exzentrischen Visionärs Abbot Kinney, ist Los Angeles' Epizentrum der Gegenkultur. Die zirkusartige Szene, die dessen Promenade (offiziell Ocean Front Walk) dominiert, ist kaum zu beschreiben – man muss sie gesehen haben. Allerdings sollte man die Gegend bei Dunkelheit besser meiden *(siehe S. 124)*.

7 Marina del Rey

Karte B6 ■ südlich von Venice Beach ■ Visitors Center: 4701 Admiralty Way; +1-424-526-7900

Der weltweit größte Hafen für kleinmotorige Schiffe bietet 6000 Yachten und Ausflugsbooten Platz und zieht viele Wassersportenthusiasten an. Man kann den Hafen in Kajaks erkunden, Boote zum Sportfischen chartern, zur Walbeobachtung hinausfahren (Jan–März) und an Dinnerkreuzfahrten teilnehmen. Landratten werden ein Essen bei Sonnenuntergang in einem der exzellenten Restaurants vorziehen.

Postkartenmotiv Marina del Rey

8 Wayfarers Chapel

Karte D4 ■ 5755 Palos Verdes Dr South ■ +1-310-377-1650 ■ tägl. 9–17 Uhr ■ www.wayfarerschapel.org

Die »Glaskirche« (1951) ehrt den Theologen Emanuel Swedenborg (1688–1772) und gilt als berühmtestes Bauwerk von Lloyd Wright, dem Sohn von Frank Lloyd Wright. Zur Kapelle gehören ein Park, ein Reflexionsbecken und ein Rundtheater.

Kirchenschiff aus Glas, Wayfarers Chapel

9 Palos Verdes

Karte D5 ■ Küstenstraße Palos Verdes Dr ■ Point Vicente Lighthouse: 31501 Palos Verdes Dr West ■ South Coast Botanic Garden: 26300 Crenshaw Blvd

Bei der Fahrt entlang der Küste überblickt man das Meer bis Catalina Island *(siehe S. 42f)*. Malaga Cove und Abalone Cove sind bekannt für Gezeitenbecken, Point Vicente ist ein guter Ort für Walbeobachtungen. Der South Coast Botanic Garden lockt Blumenfreunde an.

10 South Bay

Karte C3

Drei malerische Städte reihen sich in der südlichen Santa Monica Bay aneinander: Manhattan Beach *(siehe S. 51)* ist die eleganteste, Hermosa Beach *(siehe S. 51)* die lebhafteste und Redondo Beach *(siehe S. 50)* die geschichtsträchtigste. Ein parallel zum Strand verlaufender Weg verbindet die drei Orte. Er eignet sich zum Radfahren und zum Skaten.

Tagestour

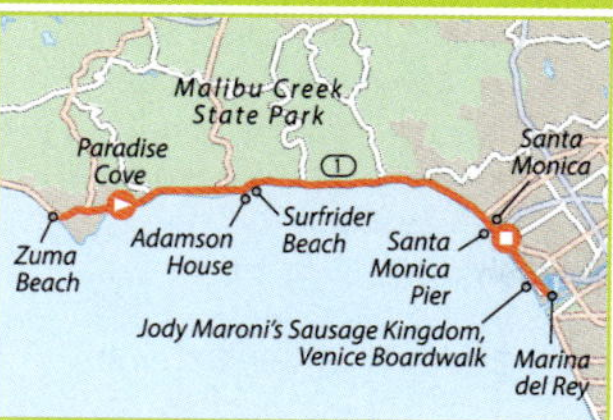

Vormittags

Fahren Sie auf dem Pacific Coast Highway nach Norden. Der Blick aufs Meer ist fantastisch. Erstes Ziel ist die **Paradise Cove** (Pacific Coast Hwy, Malibu), wo Sie im Strandrestaurant frühstücken können. Vergnügen Sie sich ein paar Stunden hier am Strand oder ein paar Kilometer nördlich am **Zuma Beach** *(siehe S. 50)*.

Gehen Sie zurück nach Süden, und bewundern Sie die schönen Keramikfliesen im **Adamson House**, bevor Sie zum **Surfrider Beach** *(siehe S. 50)* wandern, um den weltbesten Wellenreitern zuzusehen.

Dann erwartet Sie **Santa Monica**: Schlendern Sie unter riesigen Palmen durch den Palisades Park *(siehe S. 53)* – das Meer zu Ihren Füßen. Eine noch bessere Aussicht genießt man im Riesenrad auf dem **Santa Monica Pier**. Dort können Sie mittags auch Ihren Hunger stillen.

Nachmittags

Leihen Sie sich ein Fahrrad. Bei der geruhsamen Fahrt auf dem geteerten Weg zum südlich gelegenen Venice tauchen Sie in L.A.s Strandszene ein. Über den **Venice Boardwalk** müssen Sie Ihr Rad schieben. Vielleicht lassen Sie sich tätowieren, besuchen eine Wahrsagerin, kaufen Souvenirs oder probieren die leckere Wurst in **Jody Maroni's Sausage Kingdom** *(siehe S. 124)*. Falls noch Zeit ist, radeln Sie weiter nach **Marina del Rey**, einem der weltweit größten Yachthäfen, ehe es zurück zum Abendessen nach Santa Monica geht.

Siehe Karte S. 120f

Venice Boardwalk

1 Windward Avenue

Die Straße säumen die ältesten, im Renaissancestil errichteten Gebäude von Venice, darunter das St. Mark's Hotel.

2 Sidewalk Café

1401 Ocean Front Walk
+1-310-399-5547

Genießen Sie üppige Sandwiches, Salate und andere einfache Gerichte sowie die Gelegenheit zum Leutebeobachten.

3 Muscle Beach Venice

In dem Freiluftfitnesscenter, dem Nachfolger des Originals in Santa Monica, das 1959 schloss, kann man Bodybuilder ihre Muskeln stählen sehen.

4 Basketballplätze

Auf den berühmten Plätzen wird so gut wie immer gespielt. Beim alljährlichen »Hoops by the Beach«-Turnier treten die besten Straßenteams an.

5 Straßenkünstler

Sie tanzen, gehen barfuß über Glasscherben, balancieren Personen auf ihrem Kinn oder jonglieren mit Kettensägen.

6 Venice Pier

Abbott Kinney ließ 1905 den ersten Pier bauen, der heutige stammt von 1963. Der Anglerpier wurde in den 1980er Jahren vor dem Abriss bewahrt und 1997 wiedereröffnet.

7 Drum Circle

Menschen verschiedenster Herkunft und Altersgruppen singen und tanzen sonntagnachmittags am Strand zu Rhythmen, die Töpfe, Glocken und Flaschen erzeugen.

8 Architektur

Am Boardwalk liegen zwischen Venice Boulevard und Washington Boulevard einzigartige Privathäuser. Steven Ehrlich erbaute Nr. 2311, Frank Gehry das exzentrische Norton House (Nr. 2509).

9 Jody Maroni's Sausage Kingdom

2011 Ocean Front Walk ■ +1-310-822-5639

An dem überaus beliebten Imbissstand wird die Wurst zum Feinschmeckerprodukt.

10 Wandgemälde

Viele Fassaden am Venice Boardwalk sind mit Wandgemälden geschmückt. Die berühmtesten sind wohl *Homage to a Starry Night* an der Ecke Wavecrest Avenue und *Venice Reconstituted* in der Windward Avenue, Ecke Speedway – beide stammen von Rip Cronk.

Der 213 Meter lange Venice Pier

Shopping in der Main Street

1 Angel City Books & Records

Karte B4 ▪ 218 Pier Ave, nahe Main St ▪ +1-310-399-8767

Der Laden ist auf seltene und vergriffene Bücher spezialisiert. Das Café nebenan ist großartig.

Produkte bei Caro Bambino

2 Caro Bambino

Karte B4 ▪ 2710 Main St ▪ +1-310-399-7971

Junge Mütter finden in dieser Boutique in Familienbesitz alles fürs Baby: Kleidung, Spielzeug, Möbel – hochwertig und aus natürlichen Rohstoffen.

3 Lost & Found

Karte B5 ▪ 2230 Main St ▪ +1-310-450-9565

Der Laden führt eine große Auswahl an Mode und Wohnaccessoires von unabhängigen Designern. Textilien, Accessoires, Kerzen und Feinkost sind Teil des ständig wechselnden Sortiments.

4 Heist

Karte B3 ▪ 1100 Abbot Kinney Blvd ▪ +1-310-450-6531

Der schicke, elegante Shop verkauft Designermode, darunter Reitstiefel, kuschelige Strickwaren und raffinierte Kleider.

5 Arts & Letters

Karte B5 ▪ 2665 Main St ▪ +1-310-392-9076

Neben Gästebüchern, Federhaltern und künstlerisch gestalteten Grußkarten sind auf Bestellung auch individuelle Einladungen erhältlich.

6 Vital Hemp

Karte B5 ▪ 2305 Main St ▪ +1-310-450-2260

Die bequeme, flotte und umweltfreundliche Mode aus Hanf wird in der Region gefertigt und ist langlebiger als etwa Baumwollkleidung.

7 ZJ Boarding House

Karte B5 ▪ 2619 Main St ▪ +1-800-205-7795

Hier findet man Boards zum Surfen, Skaten oder Snowboarden. Das fachkundige Personal hilft bei der Auswahl der Ausrüstung.

8 Bazar

Karte B5 ▪ 1108C Abbot Kinney Blvd ▪ +1-310-314-2101

Bazar bietet seit 1998 Vintage-Mode, italienische Badeartikel, Textilien, Möbel, Schmuck und Dekoartikel im europäischen Stil.

9 jAdis

Karte B5 ▪ 2701 Main St ▪ +1-310-396-3477

Der Requisitenaden für Macher von Science-Fiction-Filmen führt Ersatzteile für Roboter, elektronische Apparaturen, Zeppeline und andere skurrile Gerätschaften.

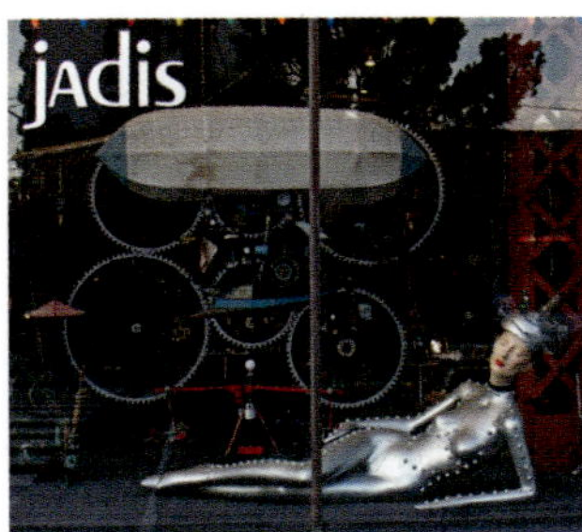

Schaufenster von jAdis

10 Shoop's Delicatessen

Karte B5 ▪ 2400 Main St ▪ +1-310-452-1019

Der Feinkostladen hat Köstlichkeiten aus Europa – vor allem aus Deutschland – im Angebot.

Siehe Karte S. 120f

Outdoor-Aktivitäten

1 Wandern

Rund 1000 Kilometer Wanderwege durchziehen die Santa Monica Mountains – vom Griffith Park in Hollywood bis in den Norden von Malibu. Gute Startpunkte sind der Will Rogers State Park sowie der Topanga State Park.

2 Inlineskaten

Eine etwa 35 Kilometer lange Strecke führt am Strand entlang von der Temescal Canyon Road nördlich von Santa Monica nach Torrance Beach. Ausrüstung kann man an vielen Orten leihen.

3 Segeln

Marina del Rey Boat Rentals: 13717 Fiji Way; +1-310-306-4444

Im Segelboot kann man entlang der Küste oder aufs offene Meer hinausfahren. Das Angebot der Bootsverleiher ist groß.

4 Bodyboarding

Genießen Sie auf einem Bodyboard die Wellen. Das macht Spaß und ist leicht zu erlernen. An allen Stränden werden Boards vermietet.

5 Radfahren

Die Strecke für Inlineskater eignet sich auch für Radtouren. Mountainbikern bieten die Santa Monica Mountains das geeignete Terrain.

Radfahrer, Venice Boardwalk

6 Kajakfahren

Eines der besten Gebiete für Kajakfahrten auf dem Ozean befindet sich vor Catalina Island *(siehe S. 42f)*. Man kann die felsige Küste erkunden und versteckte Buchten entdecken.

Wellenreiter am Surfrider Beach

7 Surfen

Kaliforniens typischer Sport wird an der ganzen Küste betrieben. Malibus Surfrider Beach *(siehe S. 50)* ist berühmt, aber auch Manhattan Beach *(siehe S. 51)* und Palos Verdes *(siehe S. 123)* sind beliebt.

8 Drachenfliegen

Windsports: +1-818-367-2430, www.windsports.com

Anfänger erlernen die Grundbegriffe auf Strandhügeln, bevor sie dann in mehr als 1000 Metern Höhe abheben (gern auch im »Tandem«).

9 Windsurfen

Captain Kirks Lessons & Rentals: +1-310-833-3397

Cabrillo Beach *(siehe S. 51)*, die »Hurricane Gulch«, ist bei Windsurfern sehr beliebt. Anfänger bleiben in Hafennähe, Fortgeschrittene zieht es aufs Meer.

10 Angeln

Auf den Piers darf man ohne Lizenz angeln. Sportfischerboote legen von Fisherman's Village in Marina del Rey *(siehe S. 122)*, Shoreline Village in Long Beach und Ports O'Call Village in San Pedro ab.

Restaurants

Preiskategorien
Preis für ein Drei-Gänge-Menü pro Person mit einem Glas Hauswein, inkl. Steuern und Service.

$ unter 25 $ $$ 25–50 $ $$$ 50–80 $
$$$$ über 80 $

1 Inn of the Seventh Ray

Karte B2 ■ 128 Old Topanga Canyon Rd, nahe Pacific Coast Hwy ■ +1-310-455-1311 ■ $$

Das an einem Bach im grünen Topanga Canyon gelegene Lokal würzt Biogerichte aus Gemüse, Fisch und Huhn mit einem Hauch New Age.

2 Father's Office

Karte C2 ■ 1018 Montana Ave, Santa Monica ■ +1-310-393-2337 ■ $

Die schlichte Bar bietet Tapas und gutes Bier von Mikrobrauereien. Stammgäste schwören auf Burger und Pommes frites.

3 Pasjoli

Karte B4 ■ 2732 Main St ■ +1-424-330-0020 ■ $$$

Saisonale Zutaten aus der Region, ein reichhaltiger Weinkeller und die klassische Bistro-Küche sind die Highlights des Restaurants.

4 Michael's

Karte B3 ■ 1147 3rd St, Santa Monica ■ +1-310-451-0843 ■ $$$$

Der romantische Garten ist eine herrliche Kulisse für die oscarverdächtige kalifornische Küche und den ausgezeichneten Service.

5 Chinois on Main

Karte B4 ■ 2709 Main St, Santa Monica ■ +1-310-392-9025 ■ $$$

Die französisch-chinesische Küche umfasst Gerichte wie kantonesische Ente in Pflaumensauce. Für Männer gilt Jackett-Pflicht.

6 Tender Greens

Karte B3 ■ 201 Arizona Ave ■ +1-310-587-2777 ■ $

Die wachsende Kette setzt auf frische gesunde Zutaten aus regionalem Anbau. Man bestellt an der Theke und nimmt dann Platz. Thunfisch-Sandwich, Krautsalat und Falafel-Wrap sind zu empfehlen.

7 Fritto Misto

Karte A4 ■ 601 Colorado Blvd ■ +1-310-458-2829 ■ $$

In das freundliche italienische Café sollte man hungrig gehen. Wer mag, kann sich aus Pasta, Sauce und weiteren Zutaten sein eigenes perfektes Gericht zusammenstellen.

8 1212 Santa Monica

Karte B3 ■ 1212 Third St Promenade ■ +1-310-576-9996 ■ $$$

Das offene, helle Restaurant serviert »New California«-Küche und raffinierte Cocktails – ein toller Ort, um Leute zu beobachten.

Raphael Lunetta, Chefkoch des Mélisse

9 Mélisse

Karte B3 ■ 1104 Wilshire Blvd, Santa Monica ■ +1-310-395-0881 ■ $$$$

Das Zwei-Sterne-Restaurant serviert klassische französische Küche mit modernem Touch.

10 Eat At Joe's

Karte D4 ■ 400 N Pacific Coast Hwy, Redondo Beach ■ +1-310-376-9570 ■ $

Das Diner serviert große Portionen amerikanischer Hausmannskost.

Siehe Karte S. 120f

TOP 10 Küste von Orange County

Mieten Sie ein Cabrio, drehen Sie das Radio auf, und fahren Sie den 68 Kilometer langen Pacific Coast Highway (kurz PCH) am Meer entlang, vorbei an weiten Stränden und einsamen Buchten mit Gezeitenbecken voller Meeresbewohner. Orange County, das heißt Spaß haben und die Sonne genießen, das sind palastartige Fünf-Sterne-Hotels, Millionen Dollar teure Anwesen und Yachthäfen, aber auch kleine Landhäuschen, Gärten und Gemeinden, die sich in 50 Jahren kaum verändert haben. Hier gibt es viel zu genießen: Spaziergänge am Pier, ein historisches Riesenrad, Kunstgalerien, Straßencafés und natürlich Strände, Meer und Wellen.

Anwesen an der Küste von San Clemente

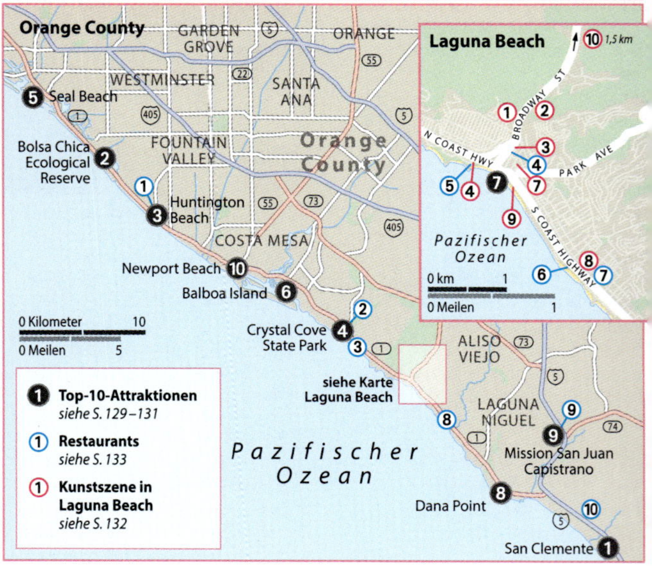

Orange County
GARDEN GROVE
ORANGE
WESTMINSTER
SANTA ANA
5 Seal Beach
Bolsa Chica Ecological Reserve 2
FOUNTAIN VALLEY
Orange County
1
3 Huntington Beach
COSTA MESA
Newport Beach 10
Balboa Island 6
2
Crystal Cove State Park 4
3
ALISO VIEJO
siehe Karte Laguna Beach
8
LAGUNA NIGUEL
9
9 Mission San Juan Capistrano
Pazifischer Ozean
8 Dana Point
10
San Clemente 1
0 Kilometer 10
0 Meilen 5

Laguna Beach
10 1,5 km
BROADWAY ST
N COAST HWY
PARK AVE
S COAST HIGHWAY
Pazifischer Ozean
0 km 1
0 Meilen 1

1 **Top-10-Attraktionen** *siehe S. 129–131*

1 **Restaurants** *siehe S. 133*

1 **Kunstszene in Laguna Beach** *siehe S. 132*

1 San Clemente

Ende der 1960er, Anfang der 1970er Jahre blickte die Welt verstärkt auf San Clemente – hier stand »The Western White House« des damaligen US-Präsidenten Richard Nixon. Heute ist die Stadt ein unaufgeregter Strandort mit bezahlbaren Restaurants und Cafés sowie Läden für Antiquitäten, Bekleidung und Souvenirs. Hauptattraktionen sind der Pier und der Sandstrand. Am Südende der Stadt liegt Trestles, das unter Surfern als einer der besten Spots dieses Küstenabschnitts gilt.

2 Bolsa Chica Ecological Reserve

Karte F5 ■ Huntington Beach ■ www.bolsachica.org

Wer sich an quirliges Strandleben gewöhnt hat, betritt in diesem Schutzgebiet eine andere Welt. Ein 2,5 Kilometer langer Wanderweg windet sich durch fünf Quadratkilometer renaturiertes Marschland mit Ebenen, Plateaus und rund 200 Zugvogelarten. Schautafeln beschreiben die hier rastenden Reiher, Regenpfeifer, Seeschwalben und Fischadler, aber auch die Muscheln und 50 Fischarten, die hier leben.

3 Huntington Beach

Karte F5

Den Beinamen »Surf City USA« trägt Huntington Beach wegen des 13 Kilometer langen Sandstrands mit garantiertem Wellengang. Hier ist man stolz auf den größten Surfwettbewerb der Welt und das International Surfing Museum. In der Regel sind es junge Leute, die sich hier tagsüber am Strand und in den Wellen tummeln und abends dann die Restaurants und Bars bevölkern. Im Vergleich zu anderen Städten an der Küste sind die Preise in Huntington Beach noch weitgehend vernünftig.

Surfen vor Huntington Beach

Gezeitenbecken, Crystal Cove State Park

4 Crystal Cove State Park

Karte G6 ■ 8471 N Coast Hwy, Laguna Beach ■ +1-949-494-3539 ■ tägl. 6 Uhr bis Sonnenuntergang (Historic District: bis 22 Uhr) ■ Eintritt ■ www.crystalcovestatepark.org

Das Schutzgebiet umfasst mehr als fünf Kilometer unberührte Küste, Gezeitenbecken und einsame Buchten. Vor der Küste kann man eventuell Delfine oder ein paar Grauwale sehen. Am Strand bilden 46 historische Holzhäuschen (die man zum Teil mieten kann) den Crystal Cove Historic District, ein Beispiel für das Küstenleben im frühen 20. Jahrhundert. Jenseits des Pacific Coast Highway führen Wege für Wanderer und Mountainbiker landeinwärts.

5 Seal Beach

Karte E4

Der Strandort südlich des San Gabriel River verströmt Kleinstadtflair. In der von Bäumen gesäumten Main Street befinden sich Cafés und Restaurants. Auf dem 570 Meter langen Holzpier versuchen Angler ihr Glück. Das warme Wasser und die mittelhohen Wellen sind ideal zum Schwimmen und Surfen. Die ständige Brise lockt Kitesurfer an.

Ein Stück wertlose Küste

Von 1784 bis 1846 verteilten Spanien und Mexiko große Grundstücke – für geleistete Kriegsdienste und um die Besiedelung voranzutreiben. Dieses »Rancho«-System umfasste auch das meiste von Orange County – nicht aber Laguna Beach. Der felsige Küstenstreifen galt als wertlos. Heute wechseln an dieser »wertlosen Küste« Anwesen für 30 Millionen Dollar den Besitzer *(unten)*.

6 Balboa Island

Karte F5

Die Insel ist einer der bezauberndsten Stadtteile von Newport Beach. Häuschen stehen dicht gedrängt in den nach Edelsteinen benannten Straßen. Restaurants, Galerien und Boutiquen säumen die Haupteinkaufsstraße Marine Avenue.

7 Laguna Beach

Karte G6

Das Licht, die romantischen Buchten und die Art, wie die Hügel ins Meer abfallen – der Küstenort inspiriert Künstler seit über 100 Jahren. Astronomisch steigende Immobilienpreise haben jedoch begonnen, den künstlerischen Glanz der Stadt zu trüben. Es gibt aber noch immer malerische Häuschen mit Blumengärten in den Nebenstraßen, bezaubernde Arkaden mit kleinen Läden und natürlich die traumhafte Küste.

8 Dana Point

Karte G6 ■ Captain Dave's Dolphin & Whale Watching Safari: 24440 Dana Point Harbor Dr; +1-949-488-2828; www.dolphinsafari.com

In seinem 1840 erschienenen Buch *Zwei Jahre vorm Mast* beschrieb Richard Henry Dana dieses Gebiet als den schönsten Abschnitt der Küste. Das heutige Dana Point verströmt zu Ehren seines Namensgebers Neuengland-Flair. Besucher können hier Wassersport treiben, u. a. Kajak fahren, und in Gezeitenbecken Meerestieren zusehen. Der besonderen Geologie vor der Küste ist es zu verdanken, dass hier besonders viele Meeressäugetiere beobachtet werden können. Versuchen Sie Ihr Glück bei einer Katamaran-Tour mit Captain Dave's Dolphin & Whale Watching Safari.

9 Mission San Juan Capistrano

Karte H6 ■ 26801 Ortega Hwy, San Juan Capistrano ■ +1-949-234-1300 ■ Di – So 9 – 16 Uhr ■ Eintritt ■ www.missionsjc.com

Die siebte von insgesamt 21 spanischen Missionen war als das »Juwel der Missionen« bekannt. Um die spanische Herrschaft im Land zu festigen, sollten die Ureinwohner »assimiliert« werden. Man zwang sie, sich den Missionen anzuschließen und ihre Kultur, Sprache, Ernährung, Religion und Kleidung zu ändern. Die erhöhte Sterblichkeitsrate

Mission San Juan Capistrano

der Ureinwohner – die Spanier schleppten Krankheiten wie Masern, Tuberkulose und Lungenentzündung ein – sowie das Erdbeben von 1812, das die Great Stone Church zerstörte, trugen zum Niedergang der Mission San Juan Capistrano im 19. Jahrhundert bei. Heute kann man u. a. die Ruinen der Great Stone Church besichtigen.

10 Newport Beach

Karte F5

Megayachten im Hafen, Rolls-Royce-Händler am Pacific Coast Highway und Villen, die sich an die Hügel schmiegen – wenn es um den ersten Eindruck geht, ist Newport Beach nahezu unantastbar. Die Stadt erstreckt sich an der Küste und in die Hügel. Stadtteile sind u. a. die Balboa Peninsula mit einer Promenade für Fußgänger und Radfahrer sowie das europäisch anmutende Corona del Mar mit angesagten Shops und gehobenen Restaurants.

Malerisches Newport Beach

Tagestour

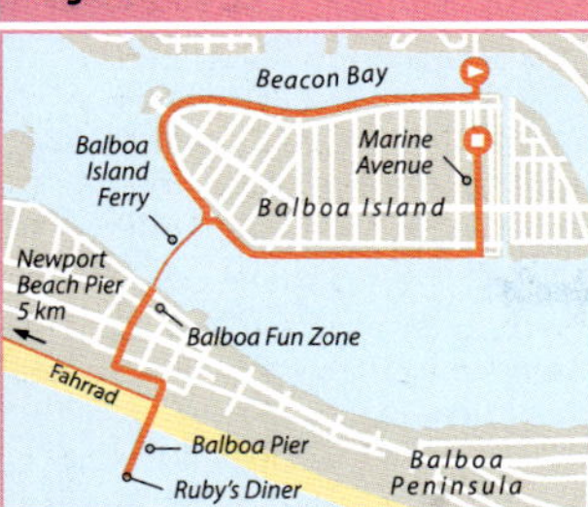

Vormittags

Starten Sie auf der Brücke nach Balboa Island. Schlendern Sie in der **Marine Avenue** an den Boutiquen und Cafés vorbei. Ein ausgewiesener Fußweg führt um die ganze Insel herum. Auf der linken Seite befindet sich der Hafen mit Segelbooten, Yachten und abgedeckten Elektrobooten. Rechts des Fußwegs sind schöne Häuschen und Gärten zu sehen. Nach einem Kilometer erreichen Sie die 1919 in Betrieb gegangene **Balboa Island Ferry** (410 S Bay Front, Newport Beach), auf der Radfahrer, Fußgänger und drei Autos zur Balboa Peninsula übersetzen können. Fahren Sie zur **Balboa Fun Zone**, setzen Sie sich dort ins Riesenrad, und genießen Sie den Blick auf den Hafen. Die Fun Zone Boat Company bietet 45-minütige Hafentouren an: Eine führt an Yachten und Villen vorbei, eine andere bringt Sie zum Hafeneingang, wo Seelöwen zu sehen sind. Lunch gibt es dann in **Ruby's Diner** (+1-949-675-7829) am Ende vom **Balboa Pier**.

Nachmittags

Mieten Sie sich nach dem Lunch ein Fahrrad für die fünf Kilometer lange, an der Strandseite der Halbinsel verlaufende Promenade zum **Newport Beach Pier**. Verbringen Sie den Nachmittag in der freundlichen Stadt.

Am Ende des Tages geht es wieder in die Marine Avenue. Belohnen Sie sich dort in einem der Shops mit einer eisgekühlten Schokobanane, einer hiesigen Spezialität seit 1945.

Siehe Karte S. 128

Kunstszene in Laguna Beach

① Festival of Arts & Pageant of the Masters

Karte G6 ▪ 650 Laguna Canyon Rd ▪ +1-949-494-1145 ▪ Juli–Aug ▪ Eintritt ▪ www.foapom.com

Das Festival rückt die Werke von mehr als 140 Künstlern aus der Region in den Fokus. In einem Rundtheater stellen Schauspieler klassische und moderne Gemälde mit ungeheurer Genauigkeit nach.

Stand beim Sawdust Art Festival

② Sawdust Art Festival

Karte G6 ▪ 935 Laguna Canyon Rd ▪ +1-949-494-3030 ▪ Juli–Aug ▪ Eintritt ▪ www.sawdustartfestival.org

Künstler aus Laguna Beach präsentieren Kunsthandwerk und zeigen ihr Können live. Es gibt auch Livemusik.

③ Laguna College of Art + Design Gallery

Karte G6 ▪ 374 Ocean Ave ▪ +1-949-376-6000 ▪ Führungen nach Vereinbarung ▪ www.lcad.edu

Kunststudenten der geschätzten Hochschule stellen ihre Arbeiten in dieser öffentlichen Galerie aus.

④ Laguna Art Museum

Karte G6 ▪ 307 Cliff Dr ▪ +1-949-494-8971 ▪ Do–Di 11–17 Uhr ▪ Eintritt ▪ www.lagunaartmuseum.org

Die gewaltige Sammlung umfasst kalifornische Kunstwerke vom Anfang des 19. Jahrhunderts bis zur Gegenwart.

⑤ First Thursdays Art Walk

www.visitlagunabeach.com

Am ersten Donnerstag des Monats gibt es in den Galerien der Stadt von 18 bis 21 Uhr Vorführungen, Empfänge und oft auch Livemusik.

⑥ Kunst im Freien

Über 65 Kunstwerke stehen in der ganzen Stadt im Freien, u. a. im Heisler Park, am Pacific Coast Highway und in der Innenstadt.

⑦ Dawson Cole Fine Art

Karte G6 ▪ 326 Glenneyre St ▪ +1-949-497-4988 ▪ Mo–Sa 10–18 Uhr, So 11–18 Uhr ▪ www.dawsoncolefineart.com

Hier kann man kunstvolle Bronzeskulpturen von Richard MacDonald (geb. 1946) besichtigen. Gehen Sie auch in den Skulpturengarten.

⑧ Redfern Gallery

Karte G6 ▪ 1540 S Coast Hwy ▪ +1-949-497-3356 ▪ Mo–Sa 10–17 Uhr ▪ www.redferngallery.com

Die Galerie widmet sich dem amerikanischen Impressionismus, vor allem kalifornischen Freilichtmalern wie William Wendt und Edgar Payne

⑨ Wyland Gallery

Karte G6 ▪ 509 S Coast Hwy ▪ +1-949-376-8000 ▪ tägl. 9–21 Uhr ▪ www.wyland.com/galleries

Das erste seiner 100 riesigen Wandbilder mit Walen *(Whaling Walls)* malte Robert Wyland (geb. 1956) gleich nebenan. Verkauft werden Gemälde, Drucke und Skulpturen.

⑩ John Barber Glass Designs

Karte G6 ▪ 21062 Laguna Canyon Rd ▪ +1-949-494-1464 ▪ Öffnungszeiten tel. erfragen ▪ www.johnbarberglassdesigns.com

Studio und Showroom des Glasbläsermeisters geben einen Einblick in die Welt dieses Künstlers, dessen Werke durchaus erschwinglich sind

Restaurants

1 25 Degrees

**Karte F5 ■ 412 Walnut Ave, Hun-
ington Beach ■ +1-714-960-2525 ■ $$**

Vählen Sie aus Filet, Thunfisch, Truthahn, Gemüse und weiteren Zutaten Ihren eigenen Gourmetburger. Dazu gibt es Knoblauchfritten und einen Milchshake mit Schuss.

2 The Beachcomber Cafe

**Karte G6 ■ 15 Crystal Cove, New-
port Coast ■ +1-949-376-6900 ■ $$**

Frühstück mit Kokos-Macadamia-Pfannkuchen und Meerblick oder Hummer-Pasta bei Sonnenuntergang – beides ist eine gute Wahl.

3 Mastro's Ocean Club

Karte F5 ■ 8112 East Coast Hwy, Newport Beach ■ +1-949-376-6990 ■ $$$

Das romantische Restaurant serviert Steak und Seafood vom Feinsten. Zum Dessert ist der warme Butterkuchen sehr zu empfehlen.

4 Zinc Café & Market

Karte G6 ■ 350 Ocean Ave, Laguna Beach ■ +1-949-494-6302 ■ $$

Besetzen Sie einen Tisch im Freien, und ordern Sie an der Theke des beliebten Cafés. Vegetarier haben hier eine große Auswahl – von Kartoffel-Enchiladas bis zum Avocado-Toast.

5 Las Brisas

Karte G6 ■ 361 Cliff Dr, Laguna Beach ■ +1-949-497-5434 ■ $$

Mexikanisches Seafood mit kalifornischer Note ist hier die Spezialität, dazu gibt es den herrlichen Blick auf die Küste. Ob Frühstück, Lunch oder Dinner – alles ist gut. Die Terrasse ist der ideale Ort für Margaritas.

Terrasse von Las Brisas

Preiskategorien

Preis für ein Drei-Gänge-Menü pro Person mit einem Glas Hauswein, inkl. Steuern und Service.

$ unter 25 $ **$$** 25–50 $ **$$$** 50–80 $ **$$$$** über 80 $

6 Splashes

Karte G6 ■ 1555 S Coast Hwy, Laguna Beach ■ +1-877-741-5908 ■ $$$$

Das Restaurant am Strand des Surf & Sand Hotel ist elegant, aber nicht steif und sehr romantisch. Das Frühstück ist hervorragend, aber teuer.

7 Mozambique

Karte G6 ■ 1740 S Coast Hwy, Laguna Beach ■ +1-949-715-7777 ■ $$$

In prächtigem Ambiente werden exzellente südafrikanische Gerichte serviert. Die Dachbar wirbt mit der besten Happy Hour der Stadt.

8 La Sirena Grill

Karte G6 ■ 30862 S Coast Hwy, Laguna Beach ■ +1-949-499-2301 ■ $

Einheimische treffen sich hier gern wegen des sehr guten mexikanischen Essens, u. a. Calamari-Tacos oder Veggie-Enchiladas. Dazu gibt es 20 Sorten Craft Beer vom Fass.

9 Ramos House Café

Karte H6 ■ 31752 Los Rios St, San Juan Capistrano ■ +1-949-443-1342 ■ $$

Der Brunch in dem Haus aus dem 19. Jahrhundert ist vorzüglich, vor allem das Rührei mit Räucherschinken und die Apfel-Zimt-Beignets.

10 The Fisherman's Restaurant & Bar

Karte H7 ■ 611 Avenida Victoria, San Clemente ■ +1-949-498-6390 ■ $$

Von den besten Plätzen des Seafood-Lokals am Ende des Piers kann man den Surfern vor der Kulisse der untergehenden Sonne zusehen.

Siehe Karte S. 128

Reise-Infos

Wandbild hinter dem Hollywood Wax Museum am Hollywood Boulevard

Anreise & In Los Angeles unterwegs

Anreise mit dem Flugzeug

Die großen Flughäfen der Region sind: Los Angeles International Airport, Hollywood Burbank Airport, Ontario International Airport, Long Beach Airport und John Wayne Airport südlich von Santa Ana für Orange County.

Los Angeles International Airport (LAX) zählt zu den verkehrsreichsten Flughäfen der Welt. Die Wege innerhalb des Flughafens können verwirren. Nach der Gepäckausgabe verweisen Farben auf die Wartebereiche diverser Verkehrsmittel für die Fahrt in die Stadt. Die Bereiche für Mietwagen, Hotel-Shuttles, Minibusse, öffentliche Verkehrsmittel und Taxis haben jeweils eine eigene Farbe.

Blau steht für LAX-Busse: Bus A pendelt zwischen den Terminals, Bus C fährt zum Parkbereich C und zur Haltestelle der Stadtbusse, Bus G zur Station der Metro Rail Green Line.

Grün steht für die FlyAway-Busse für Fahrten zur Union Station, nach Santa Monica und Hollywood (nur mit Kreditkarte) sowie für die stündlichen Busse zum Disneyland® Resort und zu den Disney-Hotels.

Hollywood Burbank Airport (BUR) nahe Pasadena (früher Bob Hope Airport) ist ein Regionalflughafen mit zwei Terminals und einem Bahnhof für Züge von Metrolink und Amtrak.

Auf dem **Ontario International Airport** (ONT), rund 60 Kilometer östlich von Downtown, landen Flüge aus Südamerika und Asien.

Der **Long Beach Airport** (LGB) südlich von Los Angeles wird von zahlreichen US-Destinationen angeflogen.

Auf dem **John Wayne Airport** (SNA) landen nur wenige Flüge aus dem Ausland, u. a. aus Vancouver (Kanada) und ein paar Städten in Mexiko.

Anreise mit dem Zug

Amtrak-Züge wie der Southwest Chief aus Chicago, der Coast Starlight aus Seattle und der Sunset Limited aus Orlando fahren die Union Station in Downtown an, ebenso der Pacific Surfliner, der zwischen San Diego und San Luis Obispo verkehrt.

Die Vorortzüge von **Metrolink** fahren nach Anaheim und weiter in den Süden von Orange County. Nützlich ist auch die Linie von der Union Station nach Burbank und weiter ins San Fernando Valley. Metrolink-Züge verkehren von morgens bis in die Abendstunden.

Öffentliche Verkehrsmittel

LA Metro betreibt das Bus- und U-Bahn-Netz der Stadt. Die Website informiert über Sicherheits- und Hygienemaßnahmen, Fahrpläne, Ticketinformationen und Fahrpläne. In Zügen von Metrolink sowie in Zügen und Bussen von LA Metro dürfen Fahrräder mitgenommen werden.

Auf dem Weg nach Downtown kann es werktags zwischen 7.30 Uhr und 9 Uhr sehr voll werden, besonders schlimm ist die Rushhour (Mo – Fr 5 – 9 Uhr, 15 – 19 Uhr). Mit der U-Bahn ist man tagsüber fast immer schneller als mit Bus oder Auto.

Tickets

Eine einfache Fahrt ohne Umsteigen kostet 1,75 $. Im Bus ist Barzahlung möglich. Wer etwas anderes als Bus oder generell häufiger mit öffentlichen Verkehrsmitteln fahren möchte, benötigt eine **TAP Card** (2 $), die u. a. an Metro-Rail-Stationen erhältlich ist. Auf die Karte kann man entweder Geld oder einen Pass für mehrere Tage laden. Die TAP Card gilt in allen öffentlichen Verkehrsmitteln in Los Angeles.

U-Bahn

Die LA Metro Rail besteht aus zwei U-Bahnen und vier Stadtbahnen. U-Bahnen der Red Line (B) fahren ab Union Station nach North Hollywood, die der Purple Line (D) ab Union Station nach Wilshire/Western. Mit den Stadtbahnen der Gold Line (L) kommt man von der Union Station nach Pasadena und darüber hinaus die Blue Line (A) fährt von der Station 7th Street/Metro Center nach Long

Beach und die Expo Line (E) nach Culver City mit Anschluss nach Santa Monica. Die Green Line (C) fährt mitten durch L.A. von Norwalk über El Segundo (Anschluss zum Flughafen) nach Redondo Beach. Für 2024 ist die Eröffnung der Pink Line (K) zwischen LAX und Expo/Crenshaw geplant.

Alle Bahnen sind für Rollstuhlfahrer geeignet und fahren täglich von 5 Uhr bis Mitternacht (Fr & Sa bis 2 Uhr), in der Hauptverkehrszeit alle fünf Minuten, sonst alle 10 bis 15 Minuten.

Fernbusse

Greyhound betreibt klimatisierte Fernbusse in den ganzen USA. Die Fahrten sind preiswert, erfordern aber viel Zeit, weshalb sich diese Option nur eignet, wenn man aus nahen Städten wie San Francisco oder Las Vegas anreist. Den Busbahnhof in einem Gewerbegebiet in Downtown sollte man bei Dunkelheit meiden. Greyhound-Tickets können vor Ort gekauft werden, sind online aber oft günstiger.

Megabus-Fernbusse aus Las Vegas halten neben der Union Station. Tickets müssen online erworben werden.

Busse

Die Busse von LA Metro zählen vielleicht nicht zu den schnellsten, aber sie fahren in fast jede Ecke von Los Angeles. Für Besucher sind vor allem die Busse von Downtown nach Santa Monica, Beverly Hills und Hollywood interessant.

Bei Barzahlung kostet eine einfache Fahrt ohne Umsteigen 1,75 $ – es gibt kein Wechselgeld zurück. Wer mit einer TAP Card/App bezahlt, darf zwei Stunden unbegrenzt fahren.

Das städtische Busnetz in Santa Monica wird von **Big Blue Bus** betrieben. Für Besucher interessant ist die Linie Rapid 10 zwischen Santa Monica und Downtown, die Linie 3 zwischen Santa Monica und Flughafen und die Linie 1 zwischen Santa Monica und Venice Beach. Der Fahrpreis von 1 $ kann nicht bar, sondern nur per TAP Card/App beglichen werden.

DASH-Busse fahren in kurzen Abständen zur Union Station, nach Chinatown, nach Little Tokyo, in den Fashion District, zu L.A. Live und zum Music Center. Eine Fahrt kostet 50 Cent (bar) bzw. 35 Cent (TAP Card/App).

Alle Busse sind mit Rollstuhlliften oder -rampen ausgestattet.

Taxis

Taxifahrten können in Los Angeles teuer werden, vor allem, wenn man alleine fährt und größere Entfernungen zurücklegt. Die Fahrzeuge lassen sich in der Regel nicht heranwinken, sie müssen bei **Checker Cab**, **Independent Cab**, **LA City Cab**, **Yellow Cab** oder einem anderen Anbieter bestellt werden. Offizielle Taxis tragen an der Wagentür das »Taxicab«-Logo der City of Los Angeles. Fahrdienstleister wie Uber sind in Los Angeles ebenfalls aktiv.

Anreise mit dem Flugzeug

Hollywood Burbank Airport (BUR)
w hollywoodburbankairport.com

John Wayne Airport (SNA)
w ocair.com

Long Beach Airport (LGB)
w longbeach.gov/lgb

Los Angeles International Airport (LAX)
w flylax.com

Ontario International Airport (ONT)
w flyontario.com

Anreise mit dem Zug

Amtrak
w amtrak.com

Metrolink
w metrolinktrains.com

Öffentliche Verkehrsmittel

LA Metro
w metro.net

Tickets

TAP Card
w taptogo.net

Fernbusse

Greyhound
w greyhound.com

Megabus
w us.megabus.com

Busse

Big Blue Bus
w bigbluebus.com

DASH
w ladottransit.com/dash

Taxis

Checker Cab
+1-800-300-5007

Independent Cab
+1-800-521-8294

LA City Cab
+1-888-248-9222

Yellow Cab
+1-800-200-1085

Anreise mit dem Auto

Kalifornien lässt sich hervorragend mit dem Auto erkunden, auch wenn die Entfernungen groß sind und die Fernstraßen eine Herausforderung darstellen können. Mehrere Highways und Interstate Highways führen nach und durch Los Angeles, so Hwy 101, I-5 und I-405 von Norden, I-10 von Osten sowie I-5 und I-405 von Süden. Achten Sie darauf, nicht in die morgendliche Rushhour von 5 bis 9 Uhr zu geraten.

Mautstraßen

In und um Los Angeles sind mehrere Straßen mautpflichtig. Die Gebühren werden elektronisch erhoben – Barzahlung ist nicht möglich. Mietwagen sind in der Regel mit einem Transponder für das Mauterhebungssystem **FasTrak** versehen. Ist kein Transponder vorhanden, wird das Kfz-Kennzeichen erfasst und die Maut dem Fahrzeuginhaber bzw. der Mietwagenfirma in Rechnung gestellt. Wer die Region mit einem Mietwagen bereist, sollte sich bei seiner Autovermietung vorab erkundigen, wie die Mautgebühren abgerechnet werden.

Mietwagen

Fahrer eines Mietwagens müssen mindestens 25 Jahre alt sein und eine Kreditkarte besitzen, zudem wird die Mitnahme eines internationalen Führerscheins empfohlen. Der Fahrer muss seit mindestens einem Jahr im Besitz eines gültigen Führerscheins sein. Wer noch keine 25 Jahre alt ist, muss in der Regel mit Extragebühren von 20 bis 30 $ pro Tag rechnen. Fahrer unter 21 Jahren können meist überhaupt kein Auto mieten (es gibt Ausnahmen für Inhaber eines US-Führerscheins, dann aber mit saftigem Aufpreis).

Im Gegensatz zu den meisten US-Staaten sind in Kalifornien alle zusätzlichen Fahrer kostenlos, sie müssen jedoch im Vertrag aufgeführt sein.

Alle großen Mietwagenfirmen wie **Alamo**, **Avis**, **Budget**, **Enterprise**, **Hertz** und **Sixt** sind am LAX vertreten. Die Anmietung kann bereits vor der Ankunft in Kalifornien erfolgen. Bei der Abholung des Mietwagens werden Sie möglicherweise aufgefordert, Ihren Reisepass und Ihr Rückflugticket vorzulegen.

Viele Autovermietungen bieten gegen eine zusätzliche Tagesgebühr GPS und bei rechtzeitiger Vorbestellung auch Kindersitze an. Die meisten Autos fahren mit Automatikgetriebe. Wer sein Fahrzeug in einer anderen Stadt zurückgibt, muss eventuell mit einer erheblichen Extragebühr rechnen.

Lassen Sie vor Fahrtantritt alle bereits existierende Schäden am Fahrzeug vom Vermieter protokollieren.

Kfz-Versicherung

Wenn Sie in Kalifornien ein Auto mieten, werden Ihnen eine Reihe von zusätzlichen Versicherungen angeboten. Hier sollten Sie den Abschluss einer Haftpflicht- und einer Kaskoversicherung erwägen. Die Supplement Liability Insurance (SLI) ist eine Art Basishaftpflichtversicherung mit einer lediglich niedrigen Deckungssumme. Wer kostspieligere Schäden an anderen Personen und Sachen abdecken möchte, sollte in Erwägung ziehen, eine Zusatzhaftpflichtversicherung (Additional Liability Insurance, ALI) abzuschließen. Kaskoschutz – Collision Damage Waiver (CDW) oder Loss Damage Waiver (LDW) – greift bei selbst verschuldeten Schäden am eigenen Fahrzeug. Geplatzte Autoreifen und Schäden an der Windschutzscheibe sind oft nicht abgedeckt. Informieren Sie sich über die Höhe der Selbstbeteiligung.

Autofahren

In Los Angeles ist es generell nicht empfehlenswert, mit dem Auto zu fahren – die Straßen im Stadtzentrum sind verstopft, und es kann sehr schwierig sein, einen Parkplatz zu finden. Besucher werden feststellen, dass die öffentlichen Verkehrsmittel schneller und billiger sind als eine Autofahrt durch die Stadt. Rechnen Sie stets mit stockendem Verkehr. Vor allem zur Rushhour morgens und abends kommt es auf den Straßen immer wieder zu Staus.

Verkehrsregeln

In ganz Kalifornien (und in den gesamten USA) fährt man rechts, und al

Entfernungen werden in Meilen angegeben. Sicherheitsgurte müssen angelegt werden. Das Rechtsabbiegen an einer roten Ampel (sofern nicht anders angegeben) ist erst nach einem vollständigen Stillstand erlaubt. Rettungsfahrzeuge haben stets Vorfahrt. Ein Schulbus darf nie überholt werden, wenn er anhält, um Schüler ein- und aussteigen zu lassen. Er schaltet dann das Warnblinklicht ein. Auch der Gegenverkehr muss in diesem Fall anhalten.

In Kalifornien ist es verboten, am Steuer mit dem Handy zu telefonieren, es sei denn, man nutzt eine Freisprechanlage. Zu schnelles Fahren hat in der Regel ein Bußgeld zur Folge, das Sie nach Möglichkeit persönlich bezahlen sollten – bei Mietwagen wird Ihnen der Vermieter sonst hohe Zusatzgebühren in Rechnung stellen.

Fahren unter Alkoholeinfluss ist ein schwerwiegendes Vergehen, das oft zu einer Festnahme führt. Der Grenzwert liegt bei 0,8 Promille, für Fahranfänger und Fahrer unter 21 Jahren gelten 0,0 Promille.

Bei einer Panne hilft die American Automobile Association (**AAA**) weiter.

Parken

In Los Angeles gibt es Parkzonen entlang der Straße mit Parkuhr sowie ausgewiesene Parkplätze und Parkhäuser. In Downtown ist das Parken in der Regel sehr teuer – dies sollten Sie bei Ihren täglichen Ausgaben berücksichtigen. Hotels verlangen für einen Parkplatz zwischen 25 und 60 $ pro Tag. Autofahrer sollten Schilder mit Parkbeschränkungen genau studieren, ebenso die Angaben auf der Parkuhr.

Die Parküberwachung greift hart durch. Vorschriftswidrig geparkte Autos werden in der Regel abgeschleppt und mit einem hohen Bußgeld belegt.

Fahrrad- & Scooterverleih

Die gute Nachricht lautet: Los Angeles ist größtenteils flach. Die schlechte Nachricht: Radfahrer konkurrieren auf der Straße mit dichtem Verkehr. Mittlerweile gibt es in der Stadt fast 1000 Kilometer Radwege – Tendenz steigend. Das lebhafte Stadtzentrum ist vielleicht eher etwas für erfahrene Radfahrer. Ruhiger ist es an der Küste von Santa Monica nach Redondo Beach sowie von Long Beach nach Newport Beach in Orange County.

Die Busse in Santa Monica sind vorn mit Trägern ausgestattet, auf denen die Fahrgäste Fahrräder transportieren können. Für Radfahrer unter 18 Jahren ist ein Helm gesetzlich vorgeschrieben.

Metro Bike Share ist ein Fahrradverleihsystem mit zahlreichen Stationen, die es Radfahrern ermöglichen, gegen eine kleine Gebühr von A nach B zu kommen. Der Anbieter **Bird** stattet seine E-Bikes und Scooter mit GPS aus. **Lyft** und **Lime** bieten ebenfalls E-Bikes und Scooter an, die an verschiedenen Orten in der Stadt abgeholt werden können.

Zu Fuß

Los Angeles als Ganzes ist für Fußgänger viel zu groß. Einzelne Stadtviertel kann man hingegen sehr gut zu Fuß erkunden. In Beverly Hills, Santa Monica, Hollywood, Downtown, Venice und Pasadena sind einige der wichtigsten Sehenswürdigkeiten mit einem Spaziergang erreichbar. An Kreuzungen haben Fußgänger Vorrang.

Mautstraßen

FasTrak
w fastrak.org

Mietwagen

Alamo
w alamo.com

Avis
w avis.com

Budget
w budget.com

Enterprise
w enterprise.com

Hertz
w hertz.com

Sixt
w sixt.com

Verkehrsregeln

AAA
t +1-800-222-4357
w aaa.com

Fahrrad- & Scooterverleih

Bird
w bird.co

Lime
w li.me

Lyft
w lyft.com

Metro Bike Share
w bikeshare.metro.net

Praktische Hinweise

Einreise

Deutsche, Österreicher und Schweizer dürfen sich mit dem Visa Waiver Program (VWP) bis zu 90 Tage visumfrei in den USA aufhalten, wenn sie einen für die Aufenthaltsdauer gültigen elektronischen Reisepass (ePass mit elektronischem Chip) besitzen, mit einer anerkannten Fluglinie oder Reederei einreisen, ein Rück- oder Weiterflugticket vorweisen können und bis 72 Stunden vor Reiseantritt eine zwei Jahre gültige **ESTA**-Genehmigung beantragt haben – die Gebühr von 14 Dollar wird per Kreditkarte gezahlt. Kinder benötigen ebenfalls einen ePass und eine ESTA-Genehmigung.

Informieren Sie sich über aktuelle Einreisebestimmungen beim **US State Department**.

Zoll

Bei der Einreise sind 200 Zigaretten (pro Person über 18 Jahre), ein Liter Alkohol (pro Person über 21 Jahre) und Geschenke im Wert von bis zu 100 Dollar erlaubt. Bargeld ab einem Wert von 10 000 Dollar muss angemeldet werden. Verboten sind u. a. Fleischprodukte und Pflanzen. Informationen gibt es bei der **US Customs and Border Protection**.

Reise- & Sicherheitshinweise

Deutsche, Österreicher und Schweizer erhalten auf den Websites ihrer Außenministerien Reisehinweise und Informationen über die Sicherheitslage sowie über für die Einreise gegebenenfalls nötige Dokumente. Da unvorhersehbare Entwicklungen zu Änderungen und Einschränkungen führen können, stellen die Außenministerien zudem kostenlose Apps zur Verfügung, über die Reisende sofort von Veränderungen der Sicherheitslage erfahren.

Versicherung

Die medizinische Versorgung in den USA ist erstklassig, wegen der hohen Arztkosten ist jedoch ein guter Versicherungsschutz anzuraten. Eine Reiseversicherung in Kombination mit einer Auslands-Krankenversicherung ist unabdingbar. Unfall- und Zahnarztversorgung, ein eventueller Rücktransport, Diebstahl und Verlust sowie Stornogebühren sollten mit in der Versicherungsleistung eingeschlossen sein.

Gesundheit

Große Drugstore-Ketten wie CVS, Walgreens und Rite Aid bieten voll ausgestattete Apotheken, die bis spätabends oder sogar rund um die Uhr geöffnet sind. Verschreibungspflichtige Medikamente bringen Sie am besten von zu Hause mit.

Das Leitungswasser in Los Angeles enthält viel Chlor und schmeckt nicht besonders gut, ist aber trinkbar.

Die Luftqualität ist in letzter Zeit deutlich besser geworden. Wer Atemprobleme hat, wird dennoch nicht an allen Tagen beschwerdefrei sein. Die Luftverschmutzung steigt landeinwärts an.

Das Meer vor Los Angeles ist meist sauber genug, um sich hineinzuwagen. Nach schweren Regenfällen, die Unrat und Abwasser ins Meer spülen, sollte man drei Tage lang nicht ins Wasser gehen.

Erkundigen Sie sich bei Rettungsschwimmern nach gefährlichen Strömungen vor der Küste, und achten Sie auf die Flaggen am Strand: Grün bedeutet sicher, Gelb mahnt zur Vorsicht, Rot heißt Gefahr. Falls Sie in eine Strömung gelangen, sollten Sie sich treiben lassen und versuchen, langsam schräg mit der Strömung ans Ufer zu kommen.

Alkohol, Rauchen & Drogen

Das gesetzliche Mindestalter für Alkoholkonsum oder den Erwerb von Zigaretten und anderen Tabakwaren in den USA liegt bei 21 Jahren. Rechnen Sie damit, einen Lichtbildausweis als Altersnachweis vorlegen zu müssen.

In Kalifornien ist das Rauchen in allen öffentlichen Gebäuden, Restaurants, Bars und Hotels sowie an vielen öffentlichen Plätzen, z. B. in allen Parks sowie an Stränden und in Fußgängerzonen, verboten.

Der Konsum von Cannabis in den USA ist durch Bundesrecht verboten. Kalifornien hat jedoch den Besitz von acht Gramm Cannabis zum Freizeitgebrauch für Personen ab 21 Jahren legalisiert. Es ist allerdings verboten, Cannabis in der Öffentlichkeit zu rauchen, auch in Verkehrsmitteln oder in Hotels und Hostels. Auch darf Cannabis nicht über eine Bundesstaatsgrenze geschafft werden. Wer dabei oder im Besitz anderer Drogen erwischt wird, muss mit einer Haftstrafe rechnen.

Ausweispflicht

Besucher sind nicht verpflichtet, einen Ausweis mit sich zu führen. In Bundeseinrichtungen kann man dennoch aufgefordert werden, einen Reisepass oder einen anderen Lichtbildausweis vorzulegen.

Persönliche Sicherheit

Los Angeles ist eine sichere Stadt, vor allem in den von Urlaubern frequentierten Vierteln. Dennoch sollte man eine gewisse Vorsicht walten lassen: Achten Sie in Menschenmengen wie am Venice Beach oder auf dem Hollywood Boulevard auf Taschendiebe. Diebstähle kommen in Los Angeles oft vor. Lassen Sie keine Wertsachen im Auto.

Wählen Sie die gebührenfreie Rufnummer 911, falls Sie die Polizei, die Feuerwehr oder einen Notarzt benötigen. Bei medizinischen Notfällen können Krankenhäuser mit Notaufnahme rund um die Uhr aufgesucht werden. Bei Verlust von Reisepass oder Personalausweis sowie im Falle einer Straftat oder eines Unfalls sollten Sie Ihr **Konsulat** verständigen.

Sollten Sie etwas in den Bussen und Bahnen von LA Metro verloren haben, können Sie Ihr Glück frühestens nach drei Tagen bei **Metro Lost & Found** versuchen.

Kalifornien ist multikulturell, vielfältig und eine Art Vorreiter auf dem Gebiet der LGBT+ Rechte. Seit Mitte der 1980er Jahre darf man in Kalifornien das Geschlecht legal ändern. 2008 wurde die gleichgeschlechtliche Ehe legalisiert. Zentrum der LGBT+ Community ist das **LA LGBT Center**.

Reisende mit besonderen Bedürfnissen

Los Angeles ist für Menschen mit Seh-, Hör- und Gehbehinderungen recht gut zu bewältigen. Öffentliche Gebäude, Museen und Restaurants müssen laut Gesetz für Rollstühle zugänglich sein. Bordsteine sind abgeflacht, Hotels bieten Zimmer mit besonders breiten Türen, und bei Mietwagenfirmen sind auf Handbedienung umgerüstete Fahrzeuge erhältlich. Stadtbusse und sämtliche Metro-Rail-Stationen sind für Rollstuhlfahrer geeignet.

Viele Museen und Galerien wie das Getty Center und das LACMA bieten Audioführer mit visuellen Beschreibungen an. Im Getty Center gibt es auch Abschriften dieser Audioführer.

Das Disneyland® Resort und die Universal Studios Hollywood℠ stellen Gebärdendolmetscher und Audiodeskriptionsdienste zur Verfügung.

Discover Los Angeles bietet einen informativen Onlineführer über das Angebot an barrierefreien Einrichtungen.

Konsulate

Deutschland
T +1-323-930-2703
W los-angeles.diplo.de

Österreich
T +1-310-444-9310
W bmeia.gv.at/gk-los-angeles

Schweiz
T +1-424-500-2414

Einreise

ESTA (Electronic System for Travel Authorization)
W https://esta.cbp.dhs.gov

US State Department
W travel.state.gov

Zoll

US Customs and Border Protection
W cbp.gov

Reise- & Sicherheitshinweise

W auswaertiges-amt.de
W bmeia.gv.at
W eda.admin.ch

Persönliche Sicherheit

Notfälle
T 911

Metro Lost & Found
T +1-323-937-8920
W metro.net/about/lostandfound

LA LGBT Center
W lalgbtcenter.org

Reisende mit besonderen Bedürfnissen

Discover Los Angeles
W discoverlosangeles.com

Zeitzone

Los Angeles liegt in der Zeitzone Pacific Standard Time (PST), also neun Stunden vor der Mitteleuropäischen Zeit (MEZ). Die Sommerzeit dauert vom zweiten Sonntag im März bis zum ersten Sonntag im November.

Geld

Am Los Angeles International Airport können Sie Fremdwährungen wechseln, allerdings zu schlechten Kursen. Der Geldwechsel im Hotel ist ebenfalls nicht zu empfehlen. Gute Kurse bietet **LA Currency** in seinen Filialen in Downtown und Hollywood.

Mit **MasterCard**, **Visa**, **American Express** oder **Diners Club** können Sie in den USA fast alles bezahlen – von Einkäufen im Supermarkt über Hotel- und Restaurantrechnungen bis zu telefonischen Kartenvorbestellungen für Kinos oder Theater. Für Hotels und Autovermietungen ist eine Kreditkarte unabdingbar.

An Geldautomaten (ATMs) kann man rund um die Uhr Dollar abheben. Sie akzeptieren mit PIN gekoppelte Kreditkarten und die **girocard** mit Maestro-Logo. Lehnen Sie die »Sofortumrechnung« möglichst ab, da hier durch einen schlechten Wechselkurs hohe Kosten entstehen. Debitkarten mit VPay-Logo funktionieren nicht.

Strom

In den USA sind Stromanschlüsse auf 120 Volt Wechselspannung standardisiert. Manche Föne besitzen einen Schalter zur Spannungsumwandlung, für die meisten 230-Volt-Geräte ist jedoch ein Adapter nötig. Dieser ist ebenso wie der Adapter mit zwei Flachstiften für die US-Steckdosen an Flughäfen und in einigen Kaufhäusern erhältlich. Auch für Ladegeräte benötigen Sie einen Adapter.

Mobiltelefone & WLAN

Viele Smartphones funktionieren in den USA problemlos. Schalten Sie während Ihres Aufenthalts jedoch das kostspielige Daten-Roaming ab. Wegen der Kosten ist eine US-SIM-Karte von Vorteil. **SimlyStore.com** bietet gratis eine SIM-Karte mit eigener US-Nummer. Die Kosten werden von Ihrem deutschen Bankkonto abgebucht.

WLAN ist in vielen Cafés, Fast-Food-Restaurants, Shoppingcentern und Buchläden gratis, ebenso in vielen Hotels und am Los Angeles International Airport. Luxushotels berechnen meist eine Gebühr für den Internetzugang. Bibliotheken verfügen über Computer, die man in der Regel nutzen darf.

Post

Postfilialen gibt es in der ganzen Stadt. Sie sind meist montags bis freitags von 8.30 bis 17 Uhr geöffnet, einige öffnen auch samstagvormittags.

Briefmarken erhält man in der Regel an einem Automaten in der Lobby. Dort stehen auch Informationen zum Porto für Sendungen ins In- und Ausland. Briefmarken werden auch in Supermärkten und speziellen Postserviceläden verkauft. Concierges in Luxushotels können ebenfalls Ihre Post versenden.

Die Kurierdienste UPS und FedEx liefern Sendungen in die ganze Welt, auf Wunsch auch über Nacht. Viele Annahmestellen verkaufen auch Verpackungsmaterial. Die günstigere Option ist der US Postal Service. Auch er liefert innerhalb der USA am nächsten Tag aus. Internationale Sendungen dauern zwei bis drei Tage.

Wetter

Das Klima in Los Angeles ist gemäßigt. Es gibt nur wenig Niederschläge. Gegen Abend wird es selbst im Sommer kühl. Von Januar bis März regnet es zuweilen. Im Spätfrühling kommt es häufig zu dem, was die Einheimischen »May Gray« und »June Gloom« nennen, wenn eine tiefe, schier endlose Wolkendecke den Himmel verdeckt. Es gibt aber auch dann bereits sehr sonnige Tage.

Im Sommer ist in der Region am meisten los. An der Küste sind die Tage warm und die Nächte angenehm kühl. Im Landesinneren kann es dagegen sehr heiß und drückend werden. Erfrischende Regenfälle gibt es dann nur sehr selten.

Öffnungszeiten

Die Museen in und um L.A. sind meist von 10 bis 17 Uhr geöffnet. Viele bleiben an einem Tag der

Woche geschlossen. Informieren Sie sich vor einem Besuch auf der Website oder telefonisch.

In Läden kann man in der Regel von 10 bis 17 oder 18 Uhr einkaufen. Die Standardöffnungszeiten der Shoppingmalls sind montags bis samstags von 10 bis 21 Uhr und sonntags von 11 bis 19 Uhr.

Kaufhäuser öffnen für manche Sonderverkäufe schon um 7 Uhr ihre Türen oder verlängern während der Ferien die Öffnungszeiten. Shoppingmalls schließen nur an wenigen Feiertagen, etwa an Weihnachten und Neujahr. Manche Läden sind an Thanksgiving (4. Do im Nov) und am Ostersonntag geöffnet.

Größere Banken sind meist montags bis freitags von 9 oder 10 Uhr bis 18 Uhr geöffnet, einige öffnen auch samstags bis 13 oder 14 Uhr.

Zahlreiche Einzelhändler, Tankstellen und Apotheken sowie ein paar große Supermärkte sind rund um die Uhr geöffnet.

Information

Reisende können sich im **Los Angeles Visitor Information Center** in Hollywood informieren. Solche Informationszentren gibt es u. a. auch in **Santa Monica**, **Beverly Hills** und **Pasadena**.

Mit einem Pass von **Go City** erhält man auf die meisten Attraktionen bis zu 50 Prozent Rabatt.

Unterkünfte

Los Angeles ist riesig, der Verkehr ist höllisch. Wenn Sie wissen, in welchem Viertel Sie die meiste Zeit verbringen werden, sollten Sie ein Hotel in der Nähe wählen, um keine Zeit auf den Straßen vergeuden zu müssen. Je näher ein Hotel am Meer liegt, desto teurer ist es. Denken Sie auch an die Parkgebühren: Manche Luxushotels berechnen 45 $ pro Nacht.

Auch in Los Angeles gibt es Hostels sowie Häuser der großen Motel-Ketten. Die Lage ist nicht immer attraktiv, dafür sind Parkplätze und WLAN in der Regel kostenlos.

Wer mehrere Tage im Disneyland® Resort plant, sollte ein Hotel in der Nähe wählen. Hotels in besonders interessanten Gegenden wie Hollywood, Santa Monica und Venice punkten mit freundlicher Atmosphäre und weisen am Schwarzen Brett auf aktuelle Ermäßigungen hin. Wenn Sie ein Hostel in Betracht ziehen, sollten Sie vorab die Kundenbewertungen auf einer Buchungsseite studieren. Wer campen möchte, muss für die Fahrt nach Downtown mindestens eine Stunde einplanen.

Der Preis für ein Hotelzimmer hängt von der Jahreszeit und sogar vom Wochentag ab. In der Hauptsaison im Sommer und während der Ferien sind die Preise am höchsten. Hotels in Downtown sind an Wochenenden meist günstiger. Manche Hotels in Strandnähe verlangen mindestens zwei Übernachtungen.

Hotels berechnen eine Belegungssteuer von 14 Prozent, Santa Monica verlangt zusätzlich eine Tourismusabgabe von zwei Dollar pro Tag. Viele gehobene Hotels erheben Extragebühren, z.B. für WLAN. Wenn Sie Ihr Hotel nicht über eine zentrale Reservierungsnummer buchen, sondern direkt anrufen, haben Sie eventuell die Chance, Extragebühren auszuhandeln.

Geld

LA Currency
W lacurrency.com

Kartenverlust

Allg. Notrufnummer
☎ +1149 116 116

American Express
☎ +1149 69 9797 1000

Diners Club
☎ +1149 69 900 150 135

MasterCard
☎ +1149 800 071 3542

Visa
☎ +1149 800 811 8440

girocard
☎ +1149 69 740 987

Mobiltelefone & WLAN

SimlyStore.com
W simlystore.com

Information

Go City
W gocity.com

Beverly Hills Conference & Visitors Bureau
9400 Santa Monica Blvd
☎ +1-310-248-1015
W lovebeverlyhills.com

Los Angeles Visitor Information Center
6801 Hollywood Blvd
☎ +1-323-467-6412
W discoverlosangeles.com

Pasadena Convention & Visitor Bureau
300 E Green St
☎ +1-626-795-9311
W visitpasadena.com

Santa Monica Visitor Center
2427 Main St
☎ +1-310-393-7593
W santamonica.com

Hotels

Preiskategorien
Preis für ein Doppelzimmer pro Nacht mit Frühstück (falls inklusive), Steuern und Service.

$ unter 150 $ $$ 150–350 $ $$$ über 350 $

Luxushotels

Beverly Wilshire

Karte J6 ▪ 9500 Wilshire Blvd ▪ +1-310-275-5200 ▪ www.fourseasons.com ▪ $$$

Das altehrwürdige, 1928 eröffnete Hotel oberhalb des Rodeo Drive begrüßte schon viele königliche Gäste – und diente 1990 als Filmkulisse für *Pretty Woman*. Eines der luxuriösen Extras ist ein Wagen mit Chauffeur für Strecken bis zu drei Meilen.

Casa del Mar

Karte A4 ▪ 1910 Ocean Way ▪ +1-310-581-5533 ▪ www.hotelcasadelmar.com ▪ $$$

Nach einer Restaurierung erstrahlt der imposante Strandclub von 1926 am Santa Monica Beach wieder in altem Glanz. Die weitläufige Lobby imponiert mit Pracht, die Zimmer sind sehr gemütlich.

Four Seasons

Karte K5 ▪ 300 S Doheny Dr ▪ +1-310-273-2222 ▪ www.fourseasons.com ▪ $$$

Riesige Blumenarrangements begrüßen die Gäste des stilvollen Hauses, das u. a. ein Spa sowie Limousinenservice im Umkreis von zwei Meilen bietet. In der Windows Lounge genießen auch Promis gern Cocktails. Kinder unter 18 Jahren übernachten gratis im Zimmer der Eltern.

Hotel Bel-Air

Karte C2 ▪ 701 Stone Canyon Rd ▪ +1-310-472-1211 ▪ www.dorchestercollection.com ▪ $$$

In der fünf Hektar großen, landschaftlich überreich gestalteten Anlage gibt es ihn noch, den Hollywood-Glamour der 1950er Jahre. Man denkt an Filmstars wie Audrey Hepburn und Grace Kelly – beide waren häufig hier zu Gast. Der spanische Kolonialstil erinnert eher an ein Privatanwesen als an ein Hotel. Die meisten der prächtigen Zimmer und Suiten haben Gartenblick, einige auch einen Kamin.

L'Ermitage Beverly Hills

Karte K5 ▪ 9291 Burton Way ▪ +1-310-278-3344 ▪ www.lermitagebeverlyhills.com ▪ $$$

Diskretion wird in dem stilvollen Hotel großgeschrieben. Die Zimmer bieten alle erdenklichen Annehmlichkeiten, auch Haustiere werden hier liebevoll umsorgt. Vom Dachpool – mit hübschen Cabanas – genießt man fantastischen Blick.

Montage Laguna Beach

Karte G6 ▪ 30801 S Coast Hwy, Laguna Beach ▪ +1-949-715-6000 ▪ www.montagehotels.com ▪ $$$

Auf einer 15 Meter hohen Klippe mit weitem Blick über den Pazifik bietet dieses traumhafte Hotel im Craftsman-Stil Zimmer mit großen Marmorbadewannen, kostbarer Kunst an den Wänden und Ausblick aufs Meer. Ein großer Pool und ein tolles Spa runden den Luxus ab.

Oceana Beach Club Hotel

Karte C2 ▪ 849 Ocean Ave ▪ +1-310-393-0486 ▪ www.hoteloceanasantamonica.com ▪ $$$

Das farbenfrohe Dekor des Hotels – eines der hübschesten in Santa Monica – erinnert an die französische Riviera. Viele der großen Suiten bieten Blick aufs Meer.

The Peninsula Beverly Hills

Karte J6 ▪ 9882 S Santa Monica Blvd ▪ +1-310-551-2888 ▪ www.peninsula.com ▪ $$$

Antiquitäten und Kunstwerke zieren die Zimmer, Suiten und Villen. Die Hightech-Ausstattung umfasst natürlich auch WLAN und Satelliten-TV. Ein persönlicher Diener erfüllt Ihnen praktisch jeden Wunsch.

The Ritz-Carlton

Karte S6 ▪ 900 W Olympic Blvd ▪ +1-213-743-8800 ▪ www.ritzcarlton.com ▪ $$$

Das moderne, elegante und äußerst luxuriöse Hotel liegt unweit von Staples Center, Microsoft Theater und gehobenen Läden und Restaurants. Es teilt sich mit dem JW Marriott einen Turm im riesigen Komplex L.A. Live, wo es eine Bar im 26. Stock und einen Pool auf dem Dach bietet.

Terranea Resort

Karte D4 ▪ 100 Terranea Way, Rancho Palos Verdes ▪ +1-310-494-7891 ▪ www.terranea.com ▪ $$$

Dieses umweltbewusst geführte Resort auf der Halbinsel Palos Verdes kann mit 400 Zimmern, Suiten und Bungalows sowie umwerfendem Blick aufs Meer und auf Catalina Island aufwarten. Gäste freuen sich hier über ein luxuriöses Spa mit 24 Behandlungsräumen, ein hervorragendes Restaurant und einen Neun-Loch-Golfplatz.

Hotels mit Geschichte

Chateau Marmont

Karte M3 ▪ 8221 W Sunset Blvd ▪ +1-323-656-1010 ▪ www.chateaumarmont.com ▪ $$

Stars wie Greta Garbo erholten sich in dem für Diskretion bekannten Haus, das an ein französisches Schloss erinnert, und die Prominenz liebt es noch heute. Die Zimmer, Suiten, Gartenhäuser und Bungalows verströmen Hollywoodflair.

Crystal Cove Beach Cottages

Karte G6 ▪ 35 Crystal Cove, Crystal Cove State Park, Newport Coast ▪ +1-949-376-6200 ▪ www.crystalcove.org ▪ $$

Kein Telefon, kein Fernsehen, kein WLAN, keine Klimaanlage – nur der Klang der Wellen, der Sie in den Schlaf wiegt … Im Historic District des Crystal Cove State Park fühlt man sich tatsächlich in die Vergangenheit versetzt. 24 Strandhäuschen für Selbstversorger wurden hier sorgsam restauriert und eingerichtet, um die Zeit von 1935 bis 1955 zum Leben zu erwecken.

The Georgian

Karte A3 ▪ 1415 Ocean Ave ▪ +1-310-395-9945 ▪ www.georgianhotel.com ▪ $$

Die Stars liebten das 1933 eröffnete Hotel am Meer sofort – hier konnten sie der Hitze Hollywoods stilvoll entfliehen. Hinter der Art-déco-Fassade warten Zimmer in edlen Schokotönen, die meisten haben Meerblick.

The Hollywood Roosevelt

Karte P2 ▪ 7000 Hollywood Blvd ▪ +1-323-856-1970 ▪ www.thehollywoodroosevelt.com ▪ $$

Das berühmte Hotel liegt nahe beim Hollywood & Highland Center. Seine Lobby zeigt noch den originalen spanisch-mediterranen Stil. Die meisten Zimmer sind topmodern ausgestattet, doch die Cabanas am Pool haben noch nostalgisches Flair.

The Queen Mary

Karte E4 ▪ 1126 Queens Hwy ▪ +1-562-435-3510 ▪ www.queenmary.com ▪ $$

In den recht geräumigen, mit glänzendem Holz und dicken Teppichen ausgestatteten Kabinen des Luxusdampfers *(siehe S. 73)* ist noch die romantische Atmosphäre vergangener Tage zu spüren.

The Langham Huntington

Karte E2 ▪ 1401 S Oak Knoll Ave ▪ +1-626-568-3900 ▪ www.langhamhotels.com ▪ $$

Gäste dieses prachtvollen Hotels mit Alte-Welt-Flair brauchen keine weiteren Sehenswürdigkeiten: Man genießt ein Frühstück im Freien, bevor man am riesigen Pool ein wenig entspannt und sich im Spa so richtig verwöhnen lässt. Nach dem Nachmittagstee in der Lobby Lounge reizt vielleicht eine Runde Tennis. Dann macht man sich auch schon langsam schick fürs Abendessen im eleganten Restaurant. So kann ein perfekter Urlaubstag aussehen.

Millennium Biltmore

Karte U5 ▪ 506 S Grand Ave ▪ +1-213-624-1011 ▪ www.millenniumhotels.com ▪ $$

Das Biltmore – ein Wahrzeichen von Downtown *(siehe S. 81)* – war bei seiner Eröffnung 1923 das erste Luxushotel in L.A. Hier wohnten Präsidenten und Stars wie die Beatles, die damals mit dem Hubschrauber auf dem Dach landeten, um den kreischenden Massen zu entgehen. Das Haus diente oft als Filmkulisse und war Schauplatz mehrerer Oscarverleihungen. Das opulente Interieur erinnert an ein spanisches Schloss, die Zimmer verfügen über allen Komfort.

Hotel Shangri-La

Karte A3 ▪ 1301 Ocean Ave ▪ +1-310-394-2791 ▪ www.shangrila-hotel.com ▪ $$

Größter Pluspunkt des 1939 eröffneten Hotels ist die tolle Lage nahe dem Strand von Santa Monica. Das Haus bietet modernes Ambiente, Pool, Spa und große Zimmer, die meisten mit Meerblick. Ein kleines Frühstück, Tee und das Parken sind im Preis enthalten.

The Beverly Hills Hotel

Karte J4 ▪ 9641 Sunset Blvd ▪ +1-310-276-2251 ▪ www.beverlyhillshotel.com ▪ $$$

Das Luxushotel ist nicht mehr das angesagteste in Hollywood, hat hier aber seinen festen Platz in der Geschichte *(siehe S. 114)*. Das opulente Ambiente, Drinks in der Polo Lounge und stilvolles Entspannen am Pool machen den Besuch unvergesslich.

Sunset Tower Hotel

Karte M3 ▪ 8358 Sunset Blvd ▪ +1-323-654-7100 ▪ www.sunsettowerhotel.com ▪ $$$

In dem markanten Art-déco-Hochhaus wohnten einst John Wayne und der Gangster Bugsy Siegel. Die Apartments wurden in luxuriöse Zimmer und Suiten verwandelt und mit Möbeln im Stil der 1920er Jahre versehen.

Trendhotels

1 Hotel West Hollywood

Karte L3 ▪ 8490 Sunset Blvd ▪ +1-310-424-1600 ▪ www.1hotels.com ▪ $$$

Das Hotel auf dem Strip ist cool, stylish und bietet ein Fitnessstudio, ein Café, Business-Services, luxuriöse, minimalistische Zimmer, einen Pool und eine Bar auf dem Dach mit Blick auf Downtown sowie eine Sammlung mit Werken von renommierten Künstlern.

Avalon Hotel

Karte K6 ▪ 9400 W Olympic Blvd ▪ +1-310-277-5221 ▪ www.avalonbeverlyhills.com ▪ $$

Das Hotel in Beverly Hills erfreut mit hübsch beleuchteten Cabanas am Pool, Eames-Stühlen und George-Nelson-Lampen in den Zimmern sowie dem erhebenden Wissen, dass hier schon Marilyn Monroe wohnte.

Élan Hotel

Karte L5 ▪ 8435 Beverly Blvd ▪ +1-323-658-6663 ▪ www.elanhotel.com ▪ $$

Lobby und Lounge des edlen Boutiquehotels zeigen schicken Retrostil, die Zimmer sind in ruhigen Naturtönen gehalten. Ein paar der beliebtesten Sehenswürdigkeiten von Los Angeles liegen ganz in der Nähe. Zimmerservice und eine große Filmauswahl erlauben entspannte Abende.

The Grafton on Sunset

Karte L3 ▪ 8462 W Sunset Blvd ▪ +1-323-654-4600 ▪ www.graftononsunset.com ▪ $$

Dieses Haus lockt mit zwangloserem Flair als die umliegende Konkurrenz. Die Bar20 und ein Restaurant flankieren die Lobby, die auch zum Pool führt.

Maison 140

Karte J6 ▪ 140 Lasky Dr ▪ +1-310-281-4000 ▪ www.maison140.com ▪ $$

Die Villa der Stummfilmdiva Lillian Gish birgt ein angesichts der Nähe zum Rodeo Drive erstaunlich preiswertes Boutiquehotel, in dem sich französische und asiatische Stilelemente vereinen. Die Zimmer sind individuell mit gemusterten Tapeten und europäischen Antiquitäten gestaltet. Die Bar Noir ist der ideale Ort für den Schlummertrunk.

Mama Shelter

Karte Q2 ▪ 6500 Selma Ave, Hollywood ▪ +1-323-785-6600 ▪ www.mamashelter.com ▪ $$

Von dem hübschen Haus einer unkonventionellen französischen Kette ist so gut wie alles in Hollywood zu Fuß zu erreichen. Das Dekor ist frech und bunt – über eine Darth-Vader-Lampe im Zimmer sollte man sich nicht wundern. Statt Fernseher und Radios gibt es hier iMacs. Von der Dachbar erblickt man das Hollywood Sign.

W Los Angeles

Karte C2 ▪ 930 Hilgard Ave ▪ +1-310-208-8765 ▪ www.wlosangeles.com ▪ $$

Das schicke Hotel birgt Überraschungen wie die »Wasserfall«-Treppe am Eingang und Brettspiele in der Lobby. Die Suiten bieten reichlich Technik für die Unterhaltung. Wer in ist, trifft sich hier am Wochenende im Steakhaus STK oder in der Living Room Bar.

Mondrian

Karte M3 ▪ 8440 Sunset Blvd ▪ +1-323-650-8999 ▪ www.mondrianhotel.com ▪ $$$

Die Zimmer zeigen den typischen Stil des New Yorker Hoteliers Ian Schrager. Das Restaurant Ivory on Sunset, Poolterrasse und Skybar *(siehe S. 112)* ziehen trendbewusste Gäste an.

Pendry West Hollywood

Karte M3 ▪ 8430 Sunset Blvd ▪ +1-310-928-9000 ▪ www.pendry.com ▪ $$$

Das Luxushotel nimmt einen ganzen Häuserblock ein und erinnert mit Art-déco-Architektur und spektakulären Kunstwerken an die goldenen Zeiten Hollywoods. Das Haus verwöhnt seine Gäste mit Gerichten von Starkoch Wolfgang Puck. Auf dem Dach bieten ein herrlicher Pool und das Restaurant Merois einen tollen Blick auf die Stadt.

Sunset Marquis

Karte L3 ▪ 1200 N Alta Loma Rd ▪ +1-310-657-1333 ▪ www.sunsetmarquis.com ▪ $$$

Berühmte Bands wie U2 und andere große Namen des Rock schätzen das Hotel in West Hollywood – und nicht nur, weil es im Haus ein Aufnahmestudio gibt. Auch die überaus luxuriösen Zimmer und die Bar 1200 sind bei den Promis beliebt.

Viceroy Santa Monica

Karte B4 ▪ 1819 Ocean Ave ▪ +1-310-260-7500 ▪ www.viceroyhotelsandresorts.com ▪ $$$

Das Paar, das auch hinter den Trendhotels Avalon und Maison 140 steht, hat im Viceroy eine Fantasiewelt geschaffen, die Gäste ins koloniale England zurückversetzt. Das Dekor mischt Kultiviertheit mit Kitsch; alles ist in edlem Grau, hellem Grün und sanftem Creme.

Strandhotels

The Cadillac Hotel

Karte A4 ▪ 8 Dudley Ave ▪ +1-310-399-8876 ▪ keine Klimaanlage ▪ www.thecadillachotel.com ▪ $

Charlie Chaplin verbrachte seine Sommer gern in dem Art-déco-Juwel am Venice Boardwalk. Unter den eher schlichten Unterkünften finden sich auch Vier-Bett-Zimmer.

Beach House Hermosa Beach

Karte A3 ▪ 1300 The Strand ▪ +1-310-374-3001 ▪ www.beach-house.com ▪ $$

Ein von lässiger Eleganz geprägtes Ambiente, das Rauschen der Wellen und geräumige Suiten mit offenem Kamin – das Haus ist wahrlich ein perfektes Refugium für alle Stressgeplagten.

Hotel Erwin

Karte B5 ▪ 1697 Pacific Ave ▪ +1-310-452-1111 ▪ www.hotelerwin.com ▪ $$

Nahe Venice Beach und Santa Monica Pier bietet dieses nette Boutiquehotel 119 mit allen Annehmlichkeiten ausgestattete Zimmer und einen Fitnessraum. Das Frühstück ist inklusive, reizvolle Cafés und Läden finden sich in Gehweite.

Jamaica Bay Inn

Karte B6 ▪ 4175 Admiralty Way ▪ +1-310-823-5333 ▪ www.jamaicabayinn.com ▪ $$

Das hübsche Hotel liegt direkt am Mother's Beach in Marina del Rey und ist dafür erfreulich preiswert. Der berühmte Abbot Kinney Boulevard und der Venice Boardwalk sind nur einen kurzen Spaziergang entfernt. Die in Sandfarben gehaltenen Zimmer verfügen allesamt über eigenen Patio oder Balkon.

The Sea Sprite Hotel

Karte D4 ▪ 1016 The Strand ▪ +1-310-376-6933 ▪ keine Klimaanlage ▪ www.seaspritehotel.com ▪ $$

Die Zimmer und Suiten des Hotels in Hermosa Beach gewinnen in Sachen Design wohl keinen Preis, doch dank der Strandlage hält man sich hier eh kaum drinnen auf. In einigen Unterkünften haben bis zu sechs Personen Platz.

JW Marriott Santa Monica – Le Merigot

Karte B4 ▪ 1740 Ocean Ave ▪ +1-310-395-9700 ▪ www.marriott.com ▪ $$$

Das elegante Flair einer Mittelmeervilla erwartet Sie in dem zentral gelegenen Hotel in Santa Monica. Die Zimmer bieten sonnige Farben, große Schreibtische, himmlische Betten und Patios. Lüster beleuchten das Restaurant Cézanne, in dem exquisite französische Küche serviert wird. Auch das Spa ist toll.

Malibu Beach Inn

Karte A2 ▪ 22878 Pacific Coast Hwy ▪ +1-310-651-7777 ▪ www.malibubeachinn.com ▪ $$$

Ein rot gekacheltes Gebäude im Missionsstil birgt Malibus einziges Luxusstrandhotel. Es bietet grandiosen Blick auf die Küste. Alle Zimmer haben Kamin und Balkon, einige auch einen Jacuzzi. Das Frühstücksbüfett ist inklusive.

The Ritz-Carlton Marina del Rey

Karte B6 ▪ 4375 Admiralty Way ▪ +1-310-823-1700 ▪ www.ritzcarlton.com ▪ $$$

Neben europäischer Eleganz bietet das Hotel mit Blick auf den riesigen Freizeithafen auch jeglichen Komfort und exquisite leibliche Genüsse, z. B. im schicken Restaurant Cast & Plow.

Preiskategorien siehe S. 144

Shore Hotel

Karte A3 ▪ 1515 Ocean Ave ▪ +1-310-458-1515 ▪ www.shorehotel.com ▪ $$$

Das Hotel ist nur wenige Schritte vom Santa Monica Pier entfernt. Es bietet Zimmer mit Terrasse oder Balkon und luxuriöse Badeartikel. Im Restaurant Blue Plate Taco kann man draußen essen und Leute beobachten.

Shutters on the Beach

Karte A4 ▪ 1 Pico Blvd ▪ +1-310-458-0030 ▪ www.shuttersonthebeach.com ▪ $$$

Das zauberhafte Hotel am Strand von Santa Monica hebt den Begriff Strandhaus auf ganz neues Niveau. Entspannen Sie auf flauschigen Matten, genießen Sie die kühle Meeresbrise, oder sehen Sie zu, wie die kalifornische Sonne durch die Fensterläden blinzelt.

Businesshotels

DoubleTree by Hilton Hotel Los Angeles Downtown

Karte W4 ▪ 120 S Los Angeles St ▪ +1-213-629-1200 ▪ www.hilton.com ▪ $$

Exotisches Flair erwartet Sie in diesem Hotel in Little Tokyo – vor allem in den japanischen Zimmern mit Tatami-Matten. Das Spa und der japanische Garten im dritten Stock sind Oasen der Ruhe.

Los Angeles Airport Marriott

Karte D3 ▪ 5855 W Century Blvd ▪ +1-310-641-5700 ▪ www.marriott.com ▪ $$

Die Nähe zum Flughafen macht das Hotel für Geschäftsreisende ideal. Es bietet über 1000 Zimmer, Konferenzeinrichtungen und einen Sekretariatsservice. Alle Zimmer sind mit WLAN ausgestattet. Gegen Aufpreis steht Gästen auch Breitbandinternet zur Verfügung.

Luxe Sunset Boulevard Hotel

Karte C2 ▪ 11461 Sunset Blvd ▪ +1-310-476-6571 ▪ www.luxehotels.com/sunset ▪ $$

Das reizende Anwesen mit prächtigem Garten liegt recht günstig nahe dem Freeway 405. Die geräumigen, in sanften Farben gehaltenen Zimmer bieten erfreuliche Extras wie Tablets und Gratis-WLAN. Für Geschäftsleute gibt es im Haus außerdem einen Sekretariatsservice.

The Westin Bonaventure Hotel & Suites

Karte U4 ▪ 404 S Figueroa St ▪ +1-213-624-1000 ▪ www.marriott.com ▪ $$

Mit mehr als 20 Restaurants und Cafés, einer ganzen Reihe von Läden, einem Pool und einem Fitnesscenter sowie komplettem Businesscenter besitzt das Bonaventure mehr Einrichtungen als manche Kleinstadt. Die Standardzimmer sind recht klein, doch in den Businesssuiten fehlt es an nichts.

Hilton Checkers

Karte U5 ▪ 535 S Grand Ave ▪ +1-213-624-0000 ▪ www.hilton.com ▪ $$$

Das im Jahr 1929 eröffnete Hotel mitten im Financial District versprüht den stilvollen Charme der Alten Welt. Hier kann man sich in Ledersesseln an großen Schreibtischen aus Marmor auf seine Meetings vorbereiten.

JW Marriott Los Angeles L.A. Live

Karte S6 ▪ 900 W Olympic Blvd ▪ +1-213-765-8600 ▪ www.marriott.com ▪ $$$

In Gehweite zu Los Angeles Convention Center, Staples Center und den anderen Attraktionen des Unterhaltungskomplexes L.A. Live bietet dieses Hotel alles, was wichtige Geschäftsleute brauchen: eine imposante Lobby, 38 Konferenzräume und ein top ausgestattetes Businesscenter. Nach getaner Arbeit sorgen Dachpool und Bar, der moderne Fitnessraum oder das Spa des benachbarten Ritz-Carlton für Entspannung.

Loews Hollywood Hotel

Karte P2 ▪ 1755 N Highland Ave ▪ +1-323-856-1200 ▪ www.loewshotels.com/hollywood-hotel ▪ $$$

Das mit reichlich Kunst versehene Hochhaus, das das Hollywood & Highland Center überblickt, bietet Businesscenter, PC-Verleih und Sekretariatsservice. Die Suiten sind so gestaltet, dass man dort kleine Konferenzen abhalten kann.

Omni Los Angeles Hotel at California Plaza

Karte V4 ▪ 251 S Olive St ▪ +1-213-617-3300 ▪ www.omnihotels.com ▪ $$$

Von dem modernen Hotel im Financial District aus sind Walt Disney Concert

Hall, Museum of Contemporary Art (MOCA) und andere Attraktionen in Downtown zu Fuß zu erreichen. Die Businessräume warten mit großen Schreibtischen und Büroausstattung auf.

SLS Beverly Hills
Karte L5 ■ 465 S La Cienega Blvd ■ +1-310-247-0400 ■ www.slshotels.com/beverlyhills ■ $$$
Freundliches und überaus tüchtiges Personal, ein Businesscenter mit Highspeedinternet und Meetingsräume, die auch für Videokonferenzen ausgestattet sind, sind nur ein paar der Pluspunkte dieses Hotels.

Familienhotels & Motels

Best Western Plus Hollywood Hills
Karte Q2 ■ 6141 Franklin Ave ■ +1-323-464-5181 ■ www.bestwestern.com ■ $
Andere Hotels mögen vielleicht stilvollere Zimmer haben, dafür hat man in diesem zentral in Hollywood gelegenen Haus richtig viel Platz. Der gepflegte Pool und der Coffeeshop sind willkommene Pluspunkte.

Anaheim Portofino Inn & Suites
Karte F4 ■ 1831 S Harbor Blvd ■ +1-714-782-7600 ■ www.portofinoinnanaheim.com ■ $
Das weitläufige Hotel ist ideal für Reisende mit kleinem Budget. In den Familiensuiten haben die Kinderzimmer neben Stockbetten und einem Schlafsofa Extras wie eigenen Fernseher, Mikrowelle und Kühlschrank.

Cal Mar Hotel Suites
Karte A3 ■ 220 California Ave ■ +1-310-395-5555 ■ keine Klimaanlage ■ www.calmarhotel.com ■ $$
Die geblümten Sofas und Bettüberwürfe stammen anscheinend noch aus den 1980er Jahren, doch dafür bekommt man hier ein ganzes Apartment für weniger Geld, als man anderswo für ein Zimmer hinlegt. Das Hotel liegt in einer ruhigen Wohnstraße nahe Santa Monicas beliebtesten Plätzen und hat einen schönen Pool. Die Parkplätze sind kostenlos.

The Garland
Karte D1 ■ 4222 Vineland Ave, North Hollywood ■ +1-818-980-8000 ■ www.beverlygarland.com ■ $$
Das Haus bei den Universal Studios Hollywood℠ hat Familiensuiten, in deren Kinderzimmern gemütliche Stockbetten und PlayStations warten, und zudem Fitnessraum, Pool im Freien und Tennisplätze. Für Kinder unter zwölf Jahren ist das Frühstück gratis.

Hotel Beverly Terrace
Karte K4 ■ 469 N Doheny Dr, Beverly Hills ■ +1-310-274-8141 ■ www.hotelbeverlyterrace.com ■ $$
Das Haus hat sich seit seiner Eröffnung 1956 zum Klassiker entwickelt. Ein paar Schritte entfernt von Rodeo Drive und Sunset Strip bietet sich in dem ruhigen Hotel mit Garten und Pool schöne Gelegenheit, dem Großstadttrubel zu entfliehen. Zu netten Läden und Restaurants ist es nicht weit.

Kimpton Hotel Palomar
Karte C2 ■ 10740 Wilshire Blvd ■ +1-310-475-8711 ■ www.hotelpalomar-beverlyhills.com ■ $$
Das Familienhotel in Westwood liegt in günstiger Nähe zu Läden, Lokalen und Theatern, hat aber auch ein eigenes Restaurant und eine Bar. Auch Pool und Fitnessraum sind vorhanden.

Magic Castle Hotel
Karte P2 ■ 7025 Franklin Ave ■ +1-323-851-0800 ■ www.magiccastlehotel.com ■ $$
Preisbewusste lieben das Haus nahe dem Rummel von Hollywood, das verschieden große Wohneinheiten mit kompletten Küchen bietet. Gäste haben Zugang zum benachbarten Magic Castle Club.

Sheraton Universal
Karte D1 ■ 333 Universal Hollywood Dr ■ +1-818-980-1212 ■ www.marriott.com ■ $$
Das Haus kann das unpersönliche Hotelketten-Flair nicht verleugnen, doch die Lage nahe den Universal Studios Hollywood℠ macht dies wett.

Disney's Grand Californian Hotel & Spa
Karte F4 ■ 1600 S Disneyland Dr ■ +1-714-635-2300 ■ www.disneyland.com/hotels ■ $$$
Das Hotel mit 751 Zimmern im Craftsman-Stil ist nicht gerade billig, aber in einem Standardzimmer finden zwei Erwachsene und vier Kinder Platz. Ein Gästeeingang führt direkt zu Disney California Adventure® *(siehe S. 38f)*.

Preiskategorien siehe S. 144

Loews Santa Monica Beach Hotel

Karte A3 ■ 1700 Ocean Ave ■ +1-310-458-6700 ■ www.loewshotels.com/santa-monica ■ $$$
Kinder lieben das große Ferienhotel unweit von Strand und Santa Monica Pier, da es viel Unterhaltung und nette Willkommensgeschenke bietet. Eltern schätzen den Umstand, dass Kinder unter 18 Jahren hier kostenlos übernachten. Das Restaurant serviert das beste Seafood in Santa Monica.

Preiswerte Hotels & Hostels

Beverly Laurel Motor Hotel

Karte M4 ■ 8018 Beverly Blvd ■ +1-800-947-7666 ■ http://beverly-laurel.hotel-rn.com ■ $
Das Motel im 1950er-Jahre-Stil mit kleinem Pool liegt nahe Farmers Market, Melrose Avenue und Beverly Center. Viele Bilder und fröhliche Bettüberwürfe zieren die Zimmer. Das beliebte Diner Swingers *(siehe S. 113)* gehört zum Haus. WLAN und Parken kosten extra.

Highland Gardens Hotel

Karte P2 ■ 7047 Franklin Ave ■ +1-323-850-0536 ■ www.highlandgardenshotel.com ■ $
Ein großer Pool und ein tropischer Garten sorgen in dem Haus in der Nähe des Walk of Fame für einen Hauch von Hollywood. Die Hotelzimmer sind einfach, bieten aber Kühlschränke und kostenloses WLAN. Tee und Kaffee in der Lobby, Frühstück und Parken sind inklusive.

Hollywood Orchid Suites

Karte P2 ■ 1753 Orchid Ave ■ +1-323-874-9678 ■ $
Das Haus ist ideal für alle, die nah am Geschehen sein wollen. Einige Suiten gleichen kleinen Apartments mit Wohn- und Schlafzimmer, Küche und Balkon. Die Einrichtung ist ein wenig in die Jahre gekommen, doch alles ist gepflegt, und man wohnt sehr günstig. Es gibt sogar einen Pool und eine Dachterrasse.

Safari Inn

Karte D1 ■ 1911 W Olive Ave ■ +1-818-845-8586 ■ www.coasthotels.com ■ $
Man kann es kaum verfehlen: Ein buntes Neonschild weist auf das Motel im Retrostil hin, dessen Zimmer (einige mit kompletter Küche) in Pfirsich- und Blautönen strahlen. Zu den Studios von Universal, Warner Bros. und NBC ist es nicht weit; es gibt spezielle Angebote, die u. a. Studiotouren beinhalten.

Sea Shore Motel

Karte B4 ■ 2637 Main St ■ +1-310-392-2787 ■ www.seashoremotel.com ■ $
Das Motel in Santa Monica ist eine gute Wahl, wenn Sie Lage über Luxus stellen. Es liegt nur zwei Blocks vom Strand entfernt in der schicken Main Street, wo sich tolle Läden und Lokale reihen.

Stillwell Hotel

Karte T5 ■ 838 S Grand Ave ■ +1-213-627-1151 ■ $
Eines von Downtowns besten Schnäppchen liegt in Gehweite vom Staples Center. Das Gebäude aus dem frühen 20. Jahrhundert wurde rundum überholt und birgt auch ein beliebtes indisches Restaurant und eine elegante Cocktail-Lounge.

USA Hostels Hollywood

Karte Q2 ■ 1624 Schrader Blvd ■ +1-323-462-3777 ■ www.usahostels.com ■ $
Das nette Hostel in Hollywood ist eine gute Basis für Sightseeingtouren. Von der Lounge erblickt man das Hollywood Sign. Bettwäsche und Schließfächer, Heißgetränke und Pfannkuchenfrühstück sind inklusive.

Short Stories Hotel

Karte M5 ■ 115 S Fairfax Ave ■ +1-323-937-3930 ■ www.shortstorieshotels.com ■ $$
Das Hotel in West Hollywood liegt gegenüber dem Grove Shopping Center, dem Farmers Market und den CBS Studios – hin und wieder steigen hier Kandidaten der Gameshows ab, die im Studio gegenüber aufgezeichnet werden.

Hotel Angeleno

Karte C2 ■ 170 N Church Lane ■ +1-310-476-6411 ■ www.hotelangeleno.com ■ $$
In den Zimmern des zylinderförmigen Hotels sind Haustiere erlaubt. Selbstversorger finden hier voll ausgestattete Küche und raumhohe Fenster mit Blick auf die historische Umgebung vor. Mit einem Außenpool, einem Fitnesscenter, einem Restaurant, einer Cocktail-Lounge und dem Grundsatz, kein Trinkgeld zu erwarten, bietet es ein gutes Preis-Leistungs-Verhältnis.

Inn at Venice Beach

Karte B6 ■ 327 Washington Blvd ■ +1-310-821-2557 ■ www.innatvenicebeach.com ■ $$

Der Strand liegt direkt zu Füßen des kleinen Hotels zwischen Venice und Marina del Rey. Die Zimmer sind einfach, aber nett. Frühstück ist inklusive.

Bed & Breakfast

Elaine's Hollywood Bed & Breakfast

Karte N2 ■ 1616 N Sierra Bonita Ave ■ +1-323-850-0766 ■ keine Kreditkarten ■ www.elaineshollywoodbedandbreakfast.com ■ $

Der hübsche Bungalow von 1910 liegt schön ruhig – und ideal, um Hollywood zu erkunden. Die netten Besitzer vermieten zwei Zimmer und helfen bei der Ausflugsplanung.

Malibu Bella Vista

Karte A2 ■ 25786 Piuma Rd ■ +1-818-645-1159 ■ www.malibubellavista.com ■ $

Das im Stil einer Ranch gestaltete Gästehaus liegt im Malibu Canyon, nur Minuten vom Strand und von Wanderwegen entfernt. Zum tollen Restaurant Saddle Peak Lodge sind es wenige Schritte.

Secret Garden Bed and Breakfast

Karte M2 ■ 8039 Selma Ave ■ +1-323-656-8111 ■ teilweise Klimaanlage ■ www.secretgardenhollywood.com ■ $

Jedes der fünf Zimmer in dem spanisch-mediterranen Gästehaus nahe dem Sunset Strip ist einzigartig, das Frühstück immer ein Gedicht. Eines der Zimmer ist für Rollstühle geeignet.

The Bissell House

Karte E1 ■ 201 Orange Grove Ave ■ +1-626-441-3535 ■ www.bissellhouse.com ■ $$

Das stattliche viktorianische Haus von 1887 an Pasadenas prestigeträchtiger »Millionaire's Row« bietet acht behagliche Zimmer, keines davon ist für Rollstühle geeignet. In den eleganten Räumlichkeiten herrscht gesetzte Atmosphäre.

Channel Road Inn

Karte C2 ■ 219 W Channel Rd ■ +1-310-459-1920 ■ www.channelroadinn.com ■ $$

Kolonialstil prägt das mit Holz verkleidete Haus von 1915, das am nördlichen Ende von Santa Monica steht. Jedes Zimmer bietet andere Extras – Patio, Kamin, Badewanne oder schöne Aussicht.

Dockside Boat & Bed

Karte E4 ■ 316 E Shoreline Dr ■ +1-562-436-3111 ■ teilweise Klimaanlage ■ www.boatandbed.com ■ $$

Dieses einzigartige B&B bietet schwimmende Unterkünfte wie Segel- und Motoryachten, sogar eine chinesische Dschunke. Die Boote liegen im Rainbow Harbor von Long Beach – mit Blick auf die *Queen Mary*.

Garden Cottage

Karte M5 ■ 8318 W 4th St ■ +1-323-653-5616 ■ www.gardencottagela.com ■ $$

Das freundliche B&B ist ideal für Familien mit begrenztem Budget. Es bietet drei Zimmer in einem eleganten Haus aus dem Jahr 1929 mit einem gemeinsamen Garten, einem Speisesaal, einer Küche und einem Cottage. The Grove Shopping Center und der beliebte Farmers Market sind in der Nähe.

The Venice Beach House

Karte A6 ■ 15 30th Ave ■ +1-310-823-1966 ■ www.venicebeachhouse.com ■ $$

Das schöne Gästehaus ist geschichtsträchtig – Verwandte des Ortsgründers Abbot Kinney *(siehe S. 122)* ließen es im Jahr 1911 errichten. Die gemütlichen, mit Antiquitäten bestückten Zimmer bieten Erholung nach einem langen Tag am Strand oder in der Stadt.

Inn at Playa del Rey

Karte B7 ■ 435 Culver Blvd ■ +1-310-574-1920 ■ www.innatplayadelrey.com ■ $$$

Von dem modernen, luftigen B&B ist es gar nicht weit zum Meer, zur Marina del Rey und zum Ballona Wetlands Ecological Reserve. Gäste können sich Fahrräder leihen. Einige Zimmer bieten Jacuzzi und Kamin. Auch der Flughafen ist nah.

Mt. Ada

Karte D7 ■ 398 Wrigley Rd ■ +1-877-778-8322 ■ keine Klimaanlage ■ www.visitcatalinaisland.com/lodging ■ $$$

In William Wrigleys einstiger Villa auf einem Hügel von Catalina Island wohnt man sehr luxuriös. Im Zimmerpreis sind Frühstück, Mittagsimbiss und ein Sektempfang am Abend enthalten. Ein Golfcart, mit dem man den Ort erkunden kann, ist ebenfalls inklusive.

Preiskategorien siehe S. 144

Textregister

Fett gedruckte Seitenzahlen beziehen sich auf Top-10-Highlights.

Danksagung, Bildnachweis & Impressum

Autorin

Catherine Gerber dokumentiert die Entwicklung von Los Angeles seit vielen Jahren in Wort und Bild. Nach wie vor ist sie fasziniert von der Fähigkeit ihrer Wahlheimat, sich immer wieder neu zu erfinden. Ihre Arbeiten sind in Büchern, Zeitungen und Zeitschriften in den USA und Europa erschienen.

Mitautorin Pamela Barrus

Publishing Director Georgina Dee

Publisher Vivien Antwi

Design Director Phil Ormerod

Editorial Ankita Awasthi Tröger, Michelle Crane, Rachel Fox, Freddie Marriage, Sally Schafer, Rachel Thompson, Penny Walker

Cover Design Maxine Pedliham, Vinita Venugopal

Design Tessa Bindloss, Sunita Gahir, Bharti Karakoti, Rahul Kumar, Bhavika Mathur, Marisa Renzullo, Ankita Sharma, Priyanka Thakur, Vinita Venugopal

Picture Research Subhadeep Biswas, Ellen Root, Rituraj Singh

Cartography Zafar ul Islam Khan, Suresh Kumar, James Macdonald, Casper Morris

DTP Jason Little

Production Luca Bazzoli

Factchecker Carolyn Patten

Proofreader Clare Peel

Indexer Helen Peters

Revisions Parnika Bagla, Stephen Keeling, Nayan Keshan, Sumita Khatwani, Shikha Kulkarni, Meghna, Arushi Mathur, Bandana Paul, Vagisha Pushp, Lucy Sara-Kelly, Azeem Siddiqui, Beverly Smart, Manjari Thakur, Priyanka Thakur, Stuti Tiwari, Tanveer Zaidi

Bildnachweis

o = oben; u = unten; m = Mitte; l = links; r = rechts

DK bedankt sich bei folgenden Personen und Institutionen für die freundliche Erlaubnis zur Reproduktion ihrer Fotografien:

123RF.com anilgrover 107u; Jon Bilous 53ur; Michael Rosebrock 99mro.

4Corners Susanne Kremer 3ol, 74–75.

Alamy Stock Photo 504 collection 46ul; Rodolfo Arpia 42ur; Paul Briden 60ul; Calamy Stock Images 133ul; culliganphoto 3or, 134–135; Hemis.fr / Stéphane Lemaire 21mo; Ian G Dagnall 25ol, 49ol, 72mlu, 81ul; Granger Historical Picture Archive 46mro; Jiri Hofman ; Brenda Kean 76ol; Robert Landau 10mlu, 5ur, 69ml; LHB Photo 86o, 108m, 120ol; MiKreative 77ur; Sean Pavone 4o, 61or; Jamie Pham 4mr, 26–27, 52mlo, 70mr, 80ml, 82om; Prisma Bildagentur AG 4ml; Robertharding 2or; robertharding / Richard Cummins 24–25m, LE Robshaw 96mlo; RGB Ventures / SuperStock 63or; RooM the Agency 4mlu; Neil Setchfield 84mlo; WENN Ltd 68mro; Nik Wheeler 72or.

Andaz West Hollywood 14ml.

Autry National Center 34mlo.

Baco Mercat Dylan + Jeni 83mro.

Barnsdall Art Park 101mlo.

Bijan 118o.

Boardner's 102o.

California Science Center Foundation 58ml.

Caro Bambino 125ml.

Disney 11ul, 36mlu, 36–37, 37mru, 39mru, 40mlu, 41ol; Paul Hiffmeyer 38u, 40ol, 40mr; © 1954 Disney 41u; Matt Stroshayne 39o.

Dreamstime.com Albertocc311 24ur; Americanspirit 87ul; Biansho 100o; Jon Bilous 124u, 128m; Gerry Boughan 14–15m, 23ul, 70ol, 78u, 116or; Nicholas Burningham 126mro; Dahlskoge 11mro; Ivan Dan 98ol; Foster Eubank 130mlo; F11photo 19u; Enrique Gomez 69or; Jorg Hackemann 70ul; Supannee Hickman 59o; Heather Jones 43mru; Kongomonkey 50mlu; Erik Lattwein 65or; Chon Kit Leong 92u; Lilyling1982 104–105, 123mlo; Littleny 12mlu, 68u; Wei Chuan Liu 4u; David Lockeretz 42–43; Marcorubino 65ol; Meinzahn 13ol; Rick Moulton 73u; Juan Moyano 115o; Mrvell 51u; Natashabishop 11mru; Sarah Neveu 35mru; Kevin Panizza 43ol; Sean Pavone 11ml, 12–13, 99u; Razyph 6mlo; Alexander Reitter 122ml; Franco Ricci 2or, 19ml, 44–45; Rui G. Santos 114ml; Starforeman 48u; Tupungato 10um, 53or, 79ml; Jeff Whyte 38ol; Wiktor Wojtas 10mlo; Ken Wolter 18ol, 57u, 61ml, 77or, 92ml, 131ol; Wolterk 109ml; Zepherwind 129ul; Zverava 10mru.

Fahey / Klein Gallery, Los Angeles 110u.

Gamble House Alexander Vertikoff 95u.

Getty Images AFP / Frederic J. Brown 127mru; Gabriel Bouys 25mr; Corbis Historical / University of Southern California 47or; Richard Cummins 82mlu, 86mlu; Kevork Djansezian 71ur; Stefanie Keenan 112ur; Lonely Planet 71ol; Los Angeles Times / Mariah Tauger 67ul; Mathew Imaging 100mlu; Moment / Luciano Lejtman 54–55; David Sucsy 34–35, 90m.

Getty's Open Content Program 16mr, 16ul, 17ol, 17mr, 18um.

Gold Bug 96ur.

Historic Southwest Museum 85mu.

Hollywood Roosevelt Hotel 12ur.

The Huntington 11or, 28ur, 28–29, 29om, 30ol, 30mru, 31u.

iStockphoto.com anouchka 62mlo, csfotoimages 126ul; davidf 106mlo; DutcherAerials 1; Marcus Lindstrom 53o; narvikk 62u; S. Greg Panosian 93mlu; Ron Thomas 122u, 130–131; tobiasjo 121mr.

The Ivy Richard Irving 113u.

jAdis 125mru.

Kelly Wearstler 111m.

La Grande Orange Cafe 97or.

The Last Bookstore James Martinez 56or.

Los Angeles Philharmonic Association 64ur, Federico Zignani 64mlo.

Los Angeles Zoo Jamie Pham 59ur.

Maya Jewelry 111ml.

Michael's 67or.

Millennium Biltmore Hotel 81or.

MOCA The Museum of Contemporary Art, Los Angeles Elon Schoenholz 78ol.

Museum of Latin American Art 56ul.

Norton Simon Art Foundation 94or, 94um.

Norton Simon Museum, Pasadena 91or.

Petersen Automotive Museum 108o.

Photo © Museum Associates/ LACMA 10ul, 20ur, 20mlo, 21ol, 22or, 22mlu, 23om, 107or.

Pig 'n Whistle 103mlu.

Polo Lounge 119mlu.

Providence Noe Montes 66m.

Rex by Shutterstock 117mlu; Stock Connection 47mlu.

Robert Harding Picture Library Eye Ubiquitous 28ml; Gavin Hellier 4mru; H. & D. Zielske 4mro.

San Antonio Winery 85o, 89mlo.

Sawdust Art Festival 132mlo.

Skybar 112mlo.

SuperStock All Canada Photos / Robert Postma 129mro; Citizen of the Planet 34ur, 49mru.

TCL Chinese Theatre IMAX 2ol, 8–9, 63ml.

El Tepeyac Café 89mu.

UCLA Hammer Museum 116ml.

Universal Studios Hollywood 7ur, 32ur, 32–33, 33ol; Zack Lipp 33mr.

University of Southern California USC University Communications 88u.

Viper Room 15ol.

Warner Bros. Studio Tour Hollywood 60o.

Water Grill 66o.

Umschlag

Vorderseite & Buchrücken – **iStockphoto.com** DutcherAerials.

Rückseite – **123RF.com:** Fabio Formaggio.

Extrakarte

Titelbild – **iStockphoto.com** DutcherAerials.

Alle anderen Bilder: © Dorling Kindersley. Weitere Informationen unter **www.dkimages.com**

Titel der englischen Originalausgabe
DK Eyewitness Top 10 Los Angeles

Aktualisierte Neuauflage 2022/2023

Programmleitung
Monika Schlitzer, DK Verlag

Redaktionsleitung
Stefanie Franz, DK Verlag

Übersetzung
Linde Wiesner, Pullach

Redaktion
Bernhard Lück, Augsburg

Schlussredaktion
Philip Anton, Köln

Satz & Produktion
DK Verlag

Druck
RR Donnelley Asia Printing Solutions Ltd., China

ISBN 978-3-7342-0666-5
9 10 11 12 13 25 24 23 22

www.dk-verlag.de